ものづくり
木のおもしろ実験

作野 友康・田中 千秋・山下 晃功・番匠谷 薫 編

海青社

まえがき

　最近「ものづくり」という用語が広く社会的に使用されるようになってきた。ものづくり大学、ものづくり基盤技術振興基本法、ものづくり立国、技術とものづくりなどである。

　日本人にとって「ものづくり」から連想できる材料の筆頭はなんと言っても「木」であろう。子どものときに接する木のおもちゃに始まり、小学生の木工作、中学生の木によるものづくり学習などをとおして、「木」のものづくり材料のDNAとしてわれわれ日本人の体内で脈々と受け継がれている。

　近年、木の研究・教育・社会活動の世界では、wood science（木材科学）、wood technology（木材技術）、wood working（木材加工・木工）の三分野がそれぞれ分離独立した形で存在し、なかなか総合化・融合化ができない状態が続いている。

　われわれ日本人は、子ども時代には三分野の中の、主としてwood working（木材加工・木工）に基づく活動を行ってきた訳である。しかし、地球環境の問題、循環型社会の構築を考えるとき、われわれは子どもから成人まで生物資源、循環型資源である木をscience（科学）、technology（技術）の側面からもっと深く学ぶ必要性があるのではないか。このことは、われわれが賢い消費者であるための要件ともなっている。

　本書は学校での木によるものづくり学習、そして人気の高い趣味での木工活動（DIY）などのwood working（木材加工・木工）から木をマクロに学ぶ。さらに、生活に必要な木の科学技術的性質などを簡単な実験をとおして楽しく、おもしろく木を実体験的に学ぶことによってミクロな学習ができるような構成となっている。また、学校教育での総合的な学習においても、児童・生徒に木を身近な生活資源として、木工から木材科学へ総合的に学ぶことができるよう工夫されている。

　本書から少しでも、「ものづくり活動」にとって最適な材料である「木」への興味とおもしろさを感じていただき、さらに「木」に対して科学的で技術的な理解を深めていただければ幸いである。

編集者一同

ものづくり 木のおもしろ実験

目　次

まえがき 1

第1章 木材を加工し、ものづくりをしよう 7

- 1-1　けがき－木工で一番大切な工程 ....（宮崎　擴道）8
- 1-2　木材の粗びき－卓上帯のこ盤で ....（大谷　　忠）10
- 1-3　木材の切断－両刃のこぎりと卓上丸のこ盤で ....（番匠谷 薫）12
- 1-4　正確な木材によるものづくり－3つの基準面 ....（見尾 貞治）14
- 1-5　かんなくずの診断－人間の尿検査と同じ ....（山下 晃功）16
- 1-6　逆目と順目－木材を削る方向を確認 ....（山下 晃功）18
- 1-7　かんな削り名人－棟梁の身のこなし ....（山下 晃功）20
- 1-8　削れないかんなの原因1、2、3 ....（山下 晃功）22
- 1-9　卓上かんな盤で－2つの基準面から厚さ、幅決めを .（西野 吉彦）24
- 1-10　くぎ打ちの極意－宮本武蔵から学ぶ ....（見尾 貞治）26
- 1-11　接着を楽しもう－木工・家具用接着剤 ....（作野 友康）28
- 1-12　ほぞ接合の密着の秘密－はめあい、嵌合度 ....（宮崎 擴道）30
- 1-13　額縁の接合を美しく、強く－留め接ぎ ....（山下 晃功）32
- 1-14　上手なドライバー使用の秘訣 ....（番匠谷 薫）34
- 1-15　もっと使おうコーススレッド ....（番匠谷 薫）36
- 1-16　木材を美しく磨こう－サンダーいろいろ ....（西野 吉彦）38
- 1-17　一番簡単な白木塗装－拭き塗り ....（大谷　　忠）40
- 1-18　木材塗装の技－刷毛さばき ....（番匠谷 薫）42
- 1-19　素人が簡単に使える－フラッシュ丁番 ....（石丸　　進）44
- 1-20　木の椅子のリサイクル－ぐらつきは簡単修理 ....（山下 晃功）46
- 1-21　幼児・児童ののこぎり・げんのうの技 ....（土井 康作）48

第2章 木材の特徴と性質をよく知ろう 51

- 2-1　バウムクーヘンから学ぶ－木の顔と表情 ....（山下 晃功）52
- 2-2　木材は細胞の孔でできている？ ....（古野　　毅）54
- 2-3　木材に空気を通そう ....（古野　　毅）56
- 2-4　木材中の水を感じよう ....（田中 千秋）58

2－5	木材は水で膨らむの、縮むの？	(中野　隆人) 60
2－6	水の吸い上げ方を調べよう	(松島　義朗) 62
2－7	木材を沈められるかな？	(吉延　匡弘) 64
2－8	触って木材の重さを当てよう	(大畑　　敬) 66
2－9	触り心地を楽しもう	(大谷　　忠) 68
2－10	たたいて木材の硬さを知ろう	(大谷　　忠) 70
2－11	木材を曲げてみよう	(中井　毅尚) 72
2－12	木を鳴らそう	(吉延　匡弘) 74

第3章　木材の上手な使い方を考えよう 77

3－1	木材をびんの中に閉じ込め、出せなくしてみよう	(谷岡　晃和・古野　　毅) 78
3－2	木の葉の香りをかいでみよう	(加藤　定信) 80
3－3	木の葉でカビを防ぐ	(加藤　定信) 82
3－4	木材を美しく磨き上げる植物－木賊、棕の葉	(田中　千秋) 84
3－5	木材を燃えにくく、腐りにくくしよう	(古野　　毅) 86
3－6	炭は電気を通すの？	(作野　友康) 88
3－7	プレーナー削りくずでボードを作ろう	(作野　友康) 90
3－8	割り箸で集成材を作ろう	(作野　友康) 92
3－9	おがくずを使った生ごみ処理	(大平智恵子) 94
3－10	牛乳パックから再生紙を作ろう	(吉延　匡弘) 96
3－11	牛乳パックで板を作ろう	(作野　友康) 98

索　引 100

資料／木工体験のできる施設 103

一口メモ

木によるものづくりでは……安全はすべてに優先します！！ 50
ことわざ 76

執筆者紹介(五十音順)
*印は編集者

石丸　　進	(元)福山職業能力開発短期大学校
大谷　　忠	島根大学総合理工学部
大畑　　敬	島根県産業技術センター
大平智恵子	鳥取県林業試験場
加藤　定信	島根大学総合理工学部
*作野　友康	鳥取大学農学部
*田中　千秋	鹿児島大学農学部
谷岡　晃和	鳥取県産業技術センター
土井　康作	鳥取大学地域学部
中井　毅尚	島根大学総合理工学部
中野　隆人	島根大学総合理工学部
西野　吉彦	島根大学生物資源科学部
*番匠谷　薫	広島大学大学院教育学研究科
古野　　毅	島根大学総合理工学部
松島　義朗	鳥取県林業試験場
見尾　貞治	岡山県木材加工技術センター
宮崎　擴道	山口大学教育学部
*山下　晃功	島根大学教育学部
吉延　匡弘	島根大学総合理工学部

第1章

木材を加工し、ものづくりをしよう

島根県出雲科学館での木工教室

　この章では、木工具や電動工具(小型木工機械)などの使い方とものづくりの方法(基本工作法)を学びます。

　我流ではいつまでたっても上達しません。やはり、基礎基本をしっかり学んで、木によるものづくりを暮らしに生かしてください。

1-1　けがき－木工で一番大切な工程

Ready!　準備しよう
①スコヤ(直角定規)、②さしがね(曲尺)、③鉛筆(2HまたはHB)、④けびき、
⑤プレーナー(手押しかんな盤、自動かんな盤)仕上げした角材と板材

Do!　(1)スコヤとさしがねで材料4面に「けがき」をしてみよう
① 角材の4面にスコヤを用い、鉛筆でけがき線を回して引く。
② 板材の4面にさしがねとスコヤを用い、鉛筆でけがき線を回して引く。

Do!　(2)けびきで平行線をけがこう
① 人差し指と中指でけびきのさおをはさみ、親指をけびき刃の上面にのせて、けびきの定規面を材料の基準面に密着させながらけがく。
② 材料末端から断続的にけがき、最後は材料先端から一気に末端まで引く。

Points!　正確なけがきの秘訣
① スコヤの妻手の内側を材料の基準面に当ててけがく。
② 鉛筆の先は、スコヤの長手外側で垂直に立てる。
③ さしがねは、人差し指と小指で曲げて、材料の基準面に当てる。
④ さしがねの長手や妻手の内側を材料の基準面に当ててけがく。
⑤ けびきは、定規面を材料の基準面に密着させ、手元から断続的に先端に向けてけがく。

角材のけがき線を直角定規(スコヤ)で回す方法

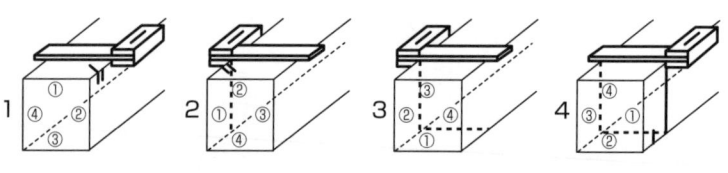

① 面上 / は第1基準面の印　　② 面上 // は第2基準面の印

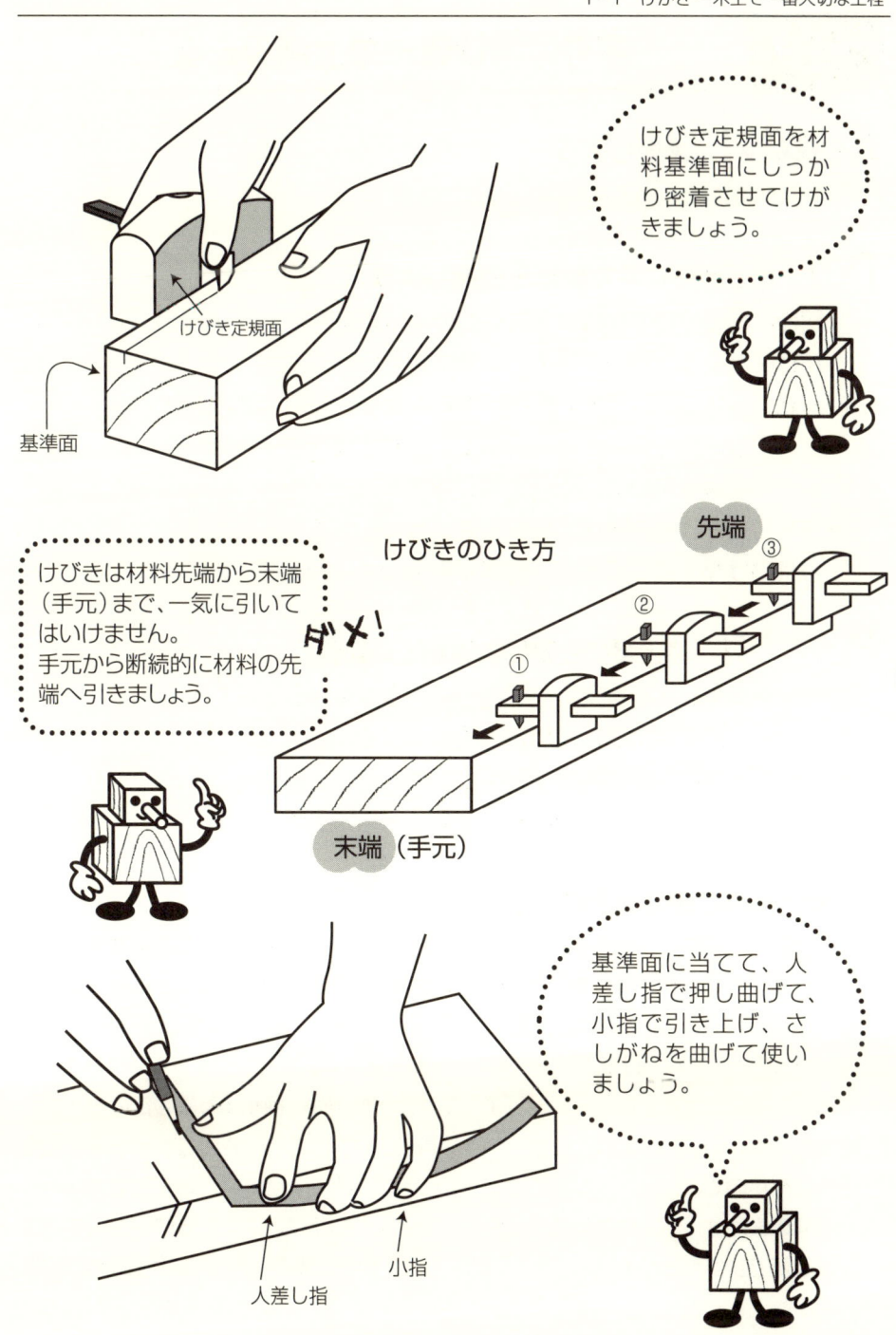

1-1 けがき－木工で一番大切な工程

けびき定規面を材料基準面にしっかり密着させてけがきましょう。

けびき定規面
基準面

けびきのひき方

先端

けびきは材料先端から末端（手元）まで、一気に引いてはいけません。
手元から断続的に材料の先端へ引きましょう。

ダメ！

末端（手元）

基準面に当てて、人差し指で押し曲げて、小指で引き上げ、さしがねを曲げて使いましょう。

人差し指　小指

9

1-2 木材の粗びき－卓上帯のこ盤で

Ready! 準備しよう
①卓上帯のこ盤、②木材（板材）

Do! 卓上帯のこ盤で板材を切断しよう
① 切断中の帯のこの横ぶれを防ぐため、緊張装置のつまみを回して、帯のこがピンと張るくらいに帯のこに緊張を与える。
② 材料の厚さプラス5mmに合わせて、せり装置の高さ調整をする。
③ 90°に設定した角度定規を用いて、板材を横びきする。
④ 縦びき定規を用いて、板材を縦びきする。
⑤ 角度定規を任意の角度に設定して、板材を斜めびきする。
⑥ 板材のけがき線に沿って、曲率半径の大きい曲線びきをする。

Points! 卓上帯のこ盤による加工の秘訣
① 90°に設定した角度定規を用いると、正確な横びきができる。
② 縦びき定規を用いると、所定の幅に縦びきができる。
③ 45°のほかに任意の角度の斜めびきも、角度定規を用いるとできる。
④ 幅の小さい帯のこを用いると、曲線びきもできる。

❖卓上帯のこ盤の安全作業❖
　卓上帯のこ盤は、回転するエンドレスの帯のこに対して材料を送り、切断する機械です。帯のこは、製材用のものと比べて幅が狭いので、糸のこ盤のように曲線びきもできます。帯のこは下方へ向けて回転するため、切断中に材料は常にテーブルに押さえられるので、材料が持ち上げられることはありません。定規を使用して、材料をテーブルと定規に密着させながら切断しましょう。切断中は、回転する帯のこに手を接触させて、手を切らないように注意します。帯のこが折れると、帯のこがテーブルの横方向に飛ぶので、テーブルの横に立たないようにしましょう。卓上帯のこ盤で切断した材料の表面は、卓上丸のこ盤で切断した場合よりも粗いので、さらに平滑にする加工が必要ですが、おおまかな寸法の切断用として便利な電動工具（小型木工機械）です。

1-2 木材の粗挽き－卓上帯のこ盤で

卓上帯のこ盤

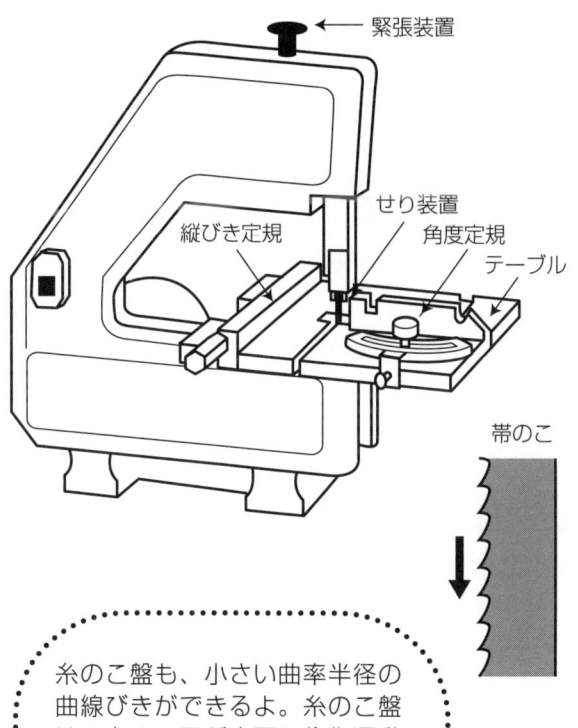

緊張装置

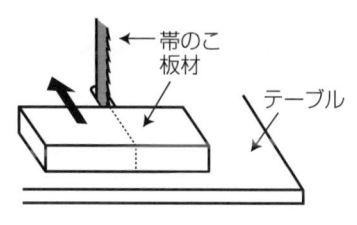

縦びき定規
せり装置
角度定規
テーブル

帯のこ

糸のこ盤も、小さい曲率半径の曲線びきができるよ。糸のこ盤は、糸のこ刃が上下に往復運動して、材料を切断するよ。

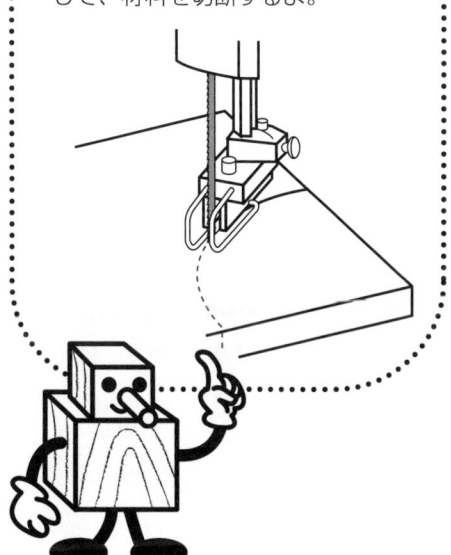

横びき
帯のこ
板材
テーブル

縦びき
板材

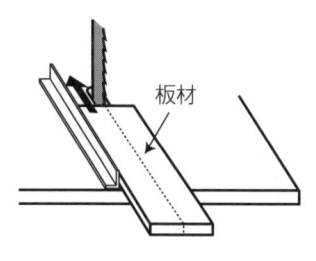

斜めびき
板材
角度定規

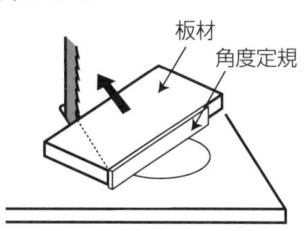

曲線びき
板材

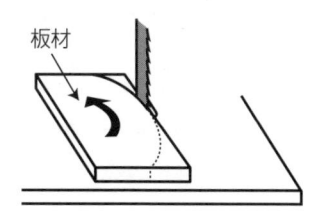

大きい曲率半径の曲線びきに有利

1-3 木材の切断－両刃のこぎりと卓上丸のこ盤で

Ready! 準備しよう
①両刃のこぎり、②卓上テーブル丸のこ盤、③木材（板材）

Do! （1）両刃のこぎりで板材を切断しよう
① 縦びき用の刃で縦びきを、横びき用の刃で横びきをする。
② 切り始めは、けがき線に当てた親指の爪(つめ)をガイドにする。
③ 材料の厚さと硬軟に応じて引き込み角度を調整し、両刃のこぎりを手前に引く時に力を入れて切断する。のこぎり刃は、材面に対して直角にする。
④ 切り終わりは、切り落とす材料を自分で持つか、他者に支えてもらう。

Do! （2）卓上テーブル丸のこ盤で板材を切断しよう
① 材料の上面からの丸のこの突出量を、5mm程度に設定する。
② 横びきでは、角度定規を正確に90°に設定し、材料の木端面を角度定規に密着させながら切断する。
③ 縦びきでは、縦びき定規を使用して、材料の木端面を縦びき定規に密着させながら切断する。切り終わりでは、押し棒を使用する。

Points! 両刃のこぎりによる切断の秘訣
① 縦びきと横びきで、のこぎり刃を使い分ける。
② 材料が薄い程また軟らかい程、引き込み角度を小さくして切断する。

✤卓上テーブル丸のこ盤の安全作業✤
　作業者は、丸のこの延長線上に立たず、斜め後方に立って作業をします。角度定規または縦びき定規を必ず用いて材料を切断し、縦びきでは切り終わりに押し棒を使用します。安全のために、割刃(わりば)と刃の接触予防装置を必ず取り付けておきます。300mm以下の短い材料、ねじれた材料の切断は行わないようにしましょう。

1-3 木材の切断 ― 両刃のこぎりと卓上丸のこ盤で

両刃のこぎり
（縦びき）
（横びき）

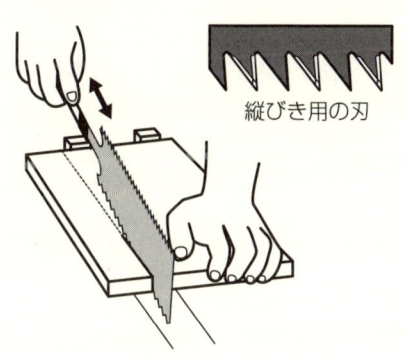

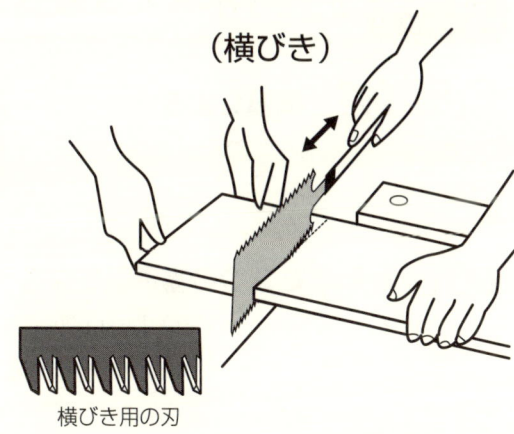

縦びき用の刃

横びき用の刃

材料によって引き込み角度を調整しましょう。
薄い、柔らかい材料：15～30°
厚い、硬い材料：30～45°

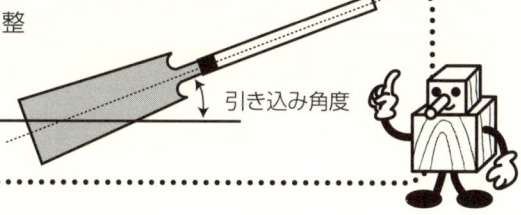

引き込み角度

卓上テーブル丸のこ盤

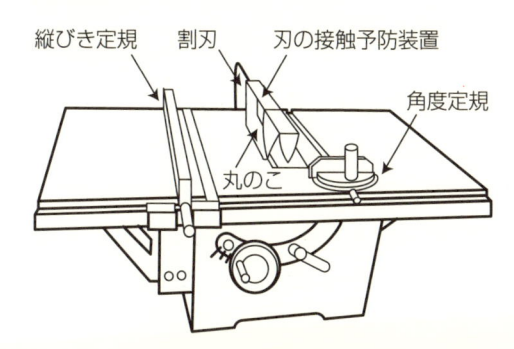

縦びき定規　割刃　刃の接触予防装置
　　　　　　　　　　　　　　角度定規
　　　　　　　丸のこ

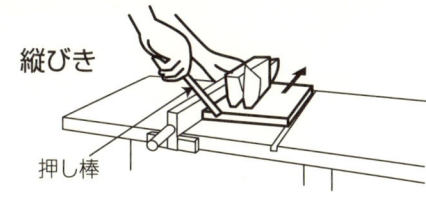

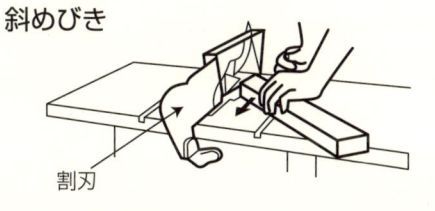

縦びき
押し棒

横びき
割刃

斜めびき
割刃

注意！
材料を切断するときは、定規を必ず使用しましょう。安全のため、割刃と刃の接触予防装置を必ず取り付けておきましょう。

1-4 正確な木材によるものづくり－3つの基準面

Ready! 準備しよう
①かんな、②木端削り台、③木口削り台、④さしがね、⑤スコヤ、⑥木材(板材)

Do! かんなで3つの基準面を作ろう
① かんな身の刃先の出を0.1～0.2mmに、裏金後退量を約0.1mmに設定する。
② さしがねで平面度を検査しながら、板材の木裏面をかんな削り(木裏削り)する。(第1基準面)
③ 第1基準面に対する直角度をスコヤで検査しながら、木端面をかんな削り(木端削り)し、木裏面に直角でまっすぐな面に仕上げる。(第2基準面)
④ 木口面のかんな削り(木口削り)では、かんな身の刃先の出を①よりもさらに小さく設定し、裏金後退量を大きく設定する(裏金を効かせない)。
⑤ 木口削りは、スコヤで直角度を検査しながら行い、平面を出すと同時に、②と③で削った木裏面と木端面に対して直角に仕上げる。(第3基準面)

Points! 基準面作りの秘訣
① 木裏削りと木端削りは、平面度と直角度を検査しながら行う。
② 木裏削りと木端削りでは、削る方向に注意し、順目削りを行う。
③ 木口削りでは、かんな身の刃先の出をわずかにし、裏金を効かせない。
④ 木口削りでは、材料の端が割れやすいので、いっきに削らない。初めに板幅の約2/3を削り、材料をひっくり返して残りの約1/3を削る。

✤基準面作りの重要性✤
木材は乾燥にともなって変形すると、幅ぞりやねじれなどが見られます。変形した木材は、このままの状態では木製品の部品にはなりません。部品加工では、このように変形した木材の平面出しをすることから始まり、第1基準面から第3基準面まで作ります。その後、これらの3基準面を基準にして残りの3面を加工して、部品の寸法を確定します。このように、基準面作りは部品加工の第一歩です。

1-4 正確な木材によるものづくり－3つの基準面

第1基準面加工
（木裏削り）

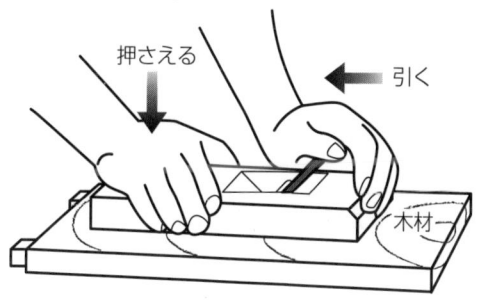

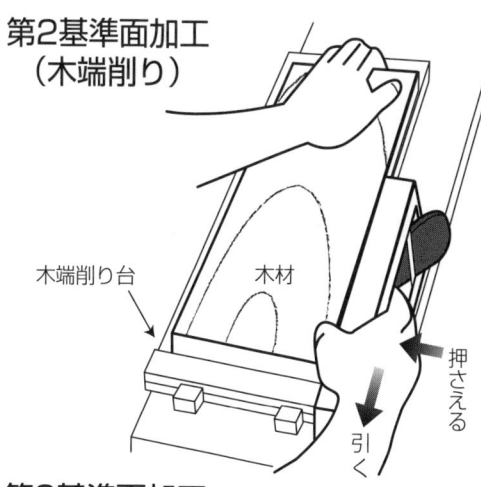

押さえる
引く
木材

第2基準面加工
（木端削り）

木端削り台
木材
押さえる
引く

第3基準面加工
（木口削り）

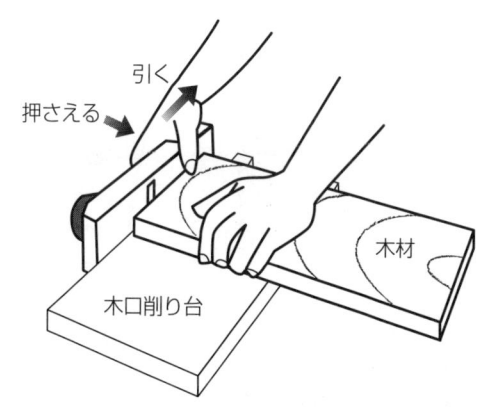

引く
押さえる
木材
木口削り台

基準面加工するときは、さしがねで平面度を、スコヤで直角度をチェックしながら削りましょう。

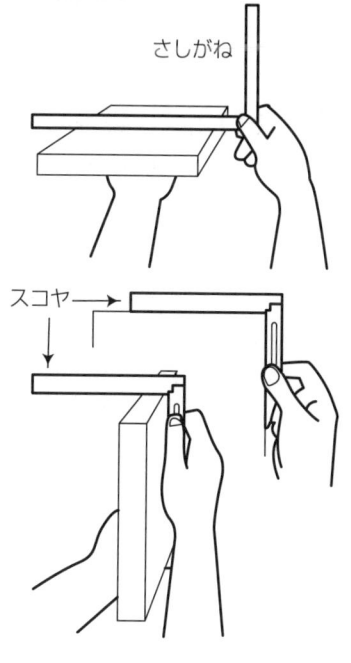

さしがね

スコヤ→

加工後は、基準面の印をつけよう。

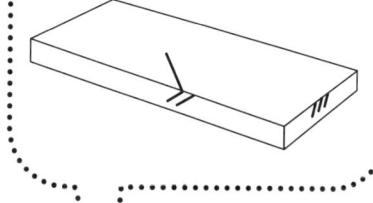

1-5 かんなくずの診断－人間の尿検査と同じ

Ready! 準備しよう
①かんな、②荒砥石(あらといし)、③大入れのみ(36mm)、④ヒノキ角材(50×50mm)、⑤白書(しらがき)、⑥シラカシ又はアカガシの小片(かんなの刃口を埋める大きさ)

Do! (1)ヒノキの角材の正確な平面をかんな削りしよう
① ヒノキ角材の材面を手押しかんな盤で正確な平面に仕上げる。
② この平面をかんな削りする。かんなくずの厚さは、0.04mm程度を目安にする。
③ ヒノキ角材先端から末端まで連続的なかんなくずを出そう。
④ このかんなくずを伸ばして、透明な板にはさむ。
⑤ 伸ばしたかんなくずとヒノキ角材のかんな削り面の面積を比較する。

Do! (2)かんなの刃口、裏金刃先角を変化させてみよう
① 水平刃口距離を変化させてみる。
② くず返し角度を変化させてみる。
③ 裏金刃先角を変化させてみる。

Points! よいかんなくずを出す秘訣
① 水平刃口距離(H)は、小さく1mm程度にする。
② 裏金刃先角(φ)は、60°程度にする。
③ くず返し角度(P)は、90°程度にする。

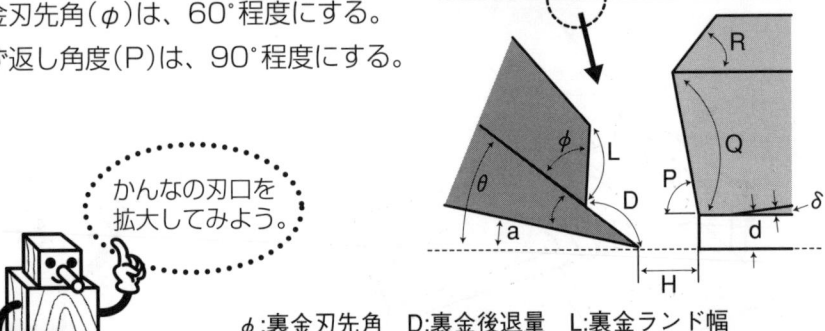

かんなの刃口を拡大してみよう。

φ:裏金刃先角　D:裏金後退量　L:裏金ランド幅
H:水平刃口距離　P:くず返し角度　Q:くず返し長さ
R:くず返し前面角　δ:くず返し逃げ角

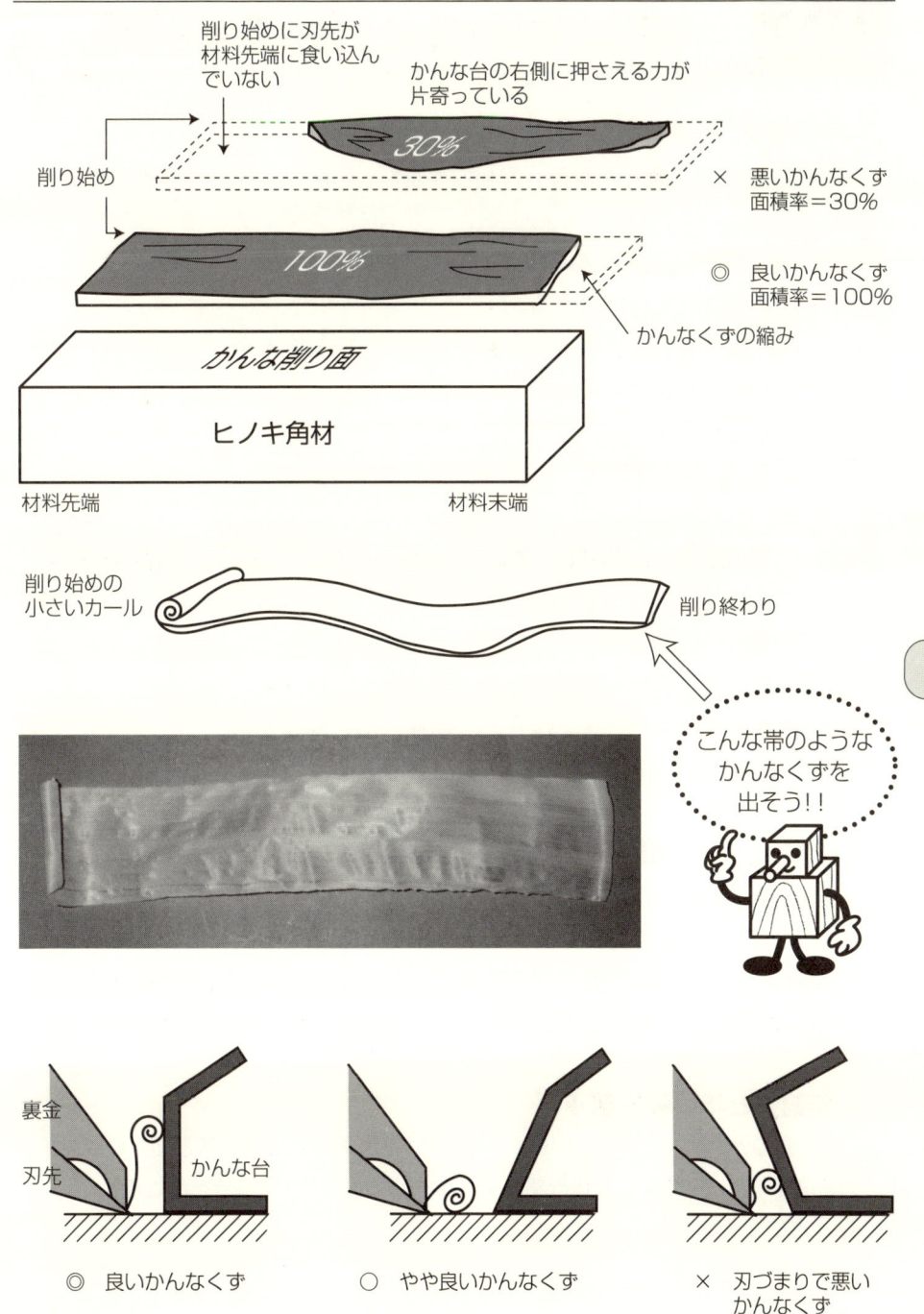

1-5 かんなくずの診断－人間の尿検査と同じ

削り始めに刃先が材料先端に食い込んでいない

かんな台の右側に押さえる力が片寄っている

削り始め

30%

× 悪いかんなくず
面積率＝30%

100%

◎ 良いかんなくず
面積率＝100%

かんなくずの縮み

かんな削り面

ヒノキ角材

材料先端　　　　　　　材料末端

削り始めの小さいカール

削り終わり

こんな帯のようなかんなくずを出そう！！

裏金
刃先　　　　かんな台

◎ 良いかんなくず　　　○ やや良いかんなくず　　　× 刃づまりで悪いかんなくず

1-6 逆目(さかめ)と順目(ならいめ)－木材を削る方向を確認

Ready! 準備しよう
①帯のこ盤、②自動かんな盤、③ヒノキ板材（板目板）、④ラワン板材（板目板）

Do! (1)帯のこ盤で製材した木材の表面を手でなでてみよう
① 自分の髪の毛を逆(さか)なでする。
② 自分の髪の毛をなでて、逆なでとそうでない方向を確認する。
③ ヒノキ板材とラワン板材を帯のこ盤で製材し、長さ400mmに切断する。
④ 製材した毛羽立っている木材表面をなでる。
⑤ ④の手ざわり感覚で逆目(さかめ)と順目(ならいめ)の方向性を見分ける。

Do! (2)自動かんな盤で仕上げた木材の表面で逆目、順目の判別
① ヒノキ板材とラワン板材を自動かんな盤で加工して材面を仕上げ、長さ400mmに切断する。
② ヒノキ板目面でかんな削りの逆目、順目方向を判別する。
③ 晩材と早材の境界で、年輪界と年輪移行部を確認する。
④ ラワン材表面の道管の横断面形状を確認する。

Points! 逆目、順目を見分ける秘訣
① 材目面上の毛羽立ちの表面を手でなで、抵抗がある方向が逆目方向。
② 板目面上の年輪移行部から年輪界への方向が順目方向。
③ 材目面上の道管横断面の深度が浅い方から深い方への方向が逆目方向。
④ かんな削りする板目面の側面で、木目方向の勾配で逆目、順目を判別する。

❖年輪界と年輪移行部❖
　1年輪の外周部を年輪界といい、1年の樹木の生長を終えた位置と新たに成長を始める境界を示します。年輪移行部は早材から晩材へ移行する部分を示します。

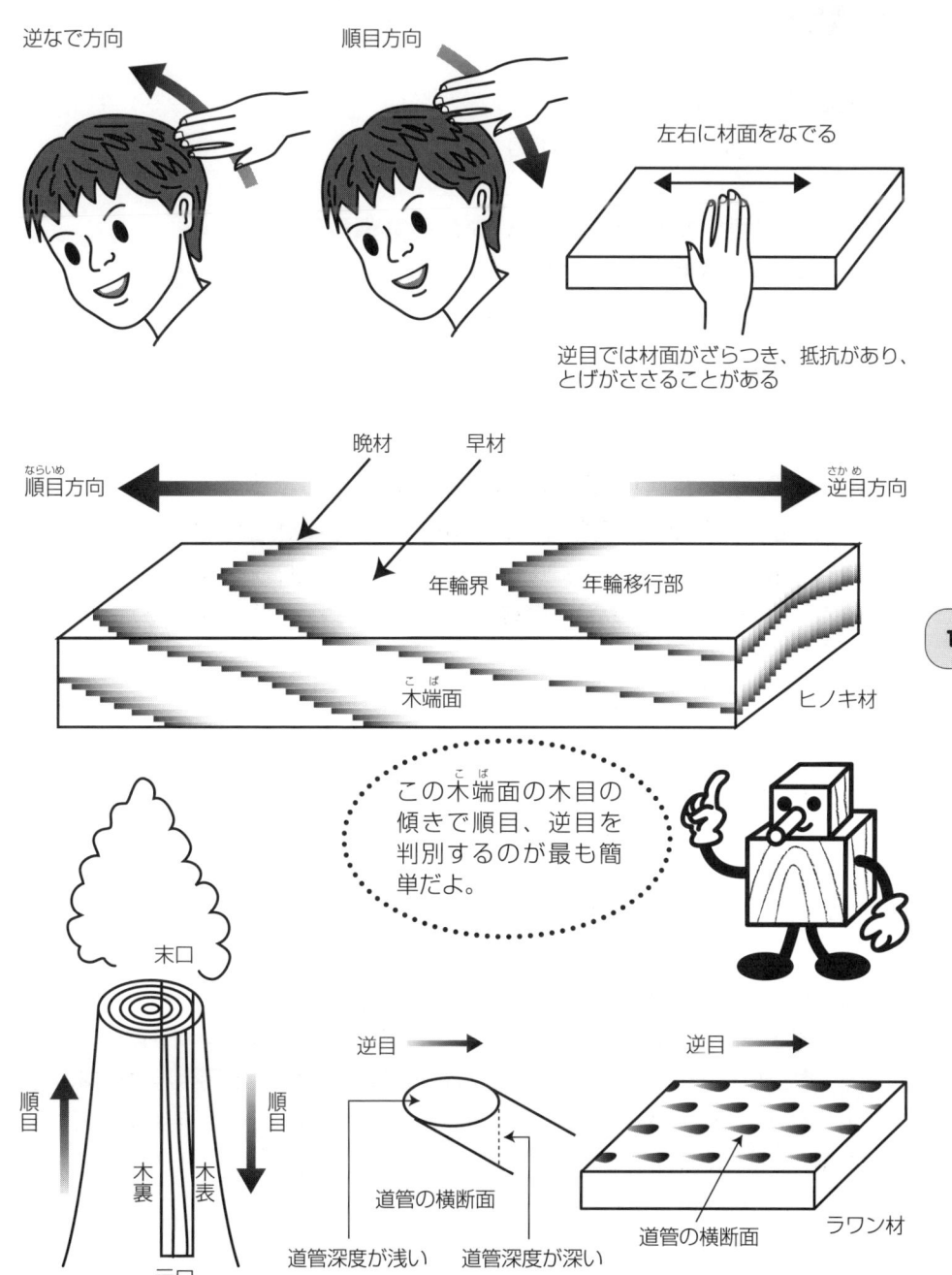

1-6　逆目と順目－木材を削る方向を確認

逆なで方向

順目方向

左右に材面をなでる

逆目では材面がざらつき、抵抗があり、とげがささることがある

順目(ならいめ)方向　　晩材　早材　　逆目(さかめ)方向

年輪界　年輪移行部

木端面(こば)　　ヒノキ材

この木端面(こば)の木目の傾きで順目、逆目を判別するのが最も簡単だよ。

末口

順目　順目

木裏　木表

元口

逆目　　　　　逆目

道管の横断面　　　　道管の横断面　　ラワン材

道管深度が浅い　道管深度が深い

1-7 かんな削り名人－棟梁の身のこなし

Ready! 準備しよう
①かんな、②ヒノキ板材(幅100×厚さ15×長さ500mm、100mm)

Do! (1)長い材料(500mm)をかんな削りしよう
① 材料先端から末端まで連続したかんなくずが出るように削る。
② かんな台に押さえる力と引く力をそれぞれ作用させて削る。
③ 腰の大きな前後移動で削る。
④ 削り終わりでは、かんなのフォロースルーを止める。

Do! (2)短い材料(100mm)をかんな削りしよう
① 材料先端から末端まで連続したかんなくずが出るように削る。
② 腰の前後移動を止める。腕の肘(ひじ)を中心とした屈曲(くっきょく)運動で削る。
③ 削り終わりでは、かんなを急停止させ、フォロースルーを止める。

Points! かんな削りの秘訣
① 利(き)き手でかんな台を押さえ、非利き手でかんな台を引いて削る。
② 削り始めは、材料先端に刃先を必ず引っかける。
③ 長い材料(500mm以上)では、腰の大きな前後移動で削る。
④ 短い材料(100mm以下)では、腕の肘を中心とした屈曲運動で削る。
⑤ 削り終わりでは、フォロースルーを止める。

✤世界のかんな削り動作とのこぎりびき動作✤
　現在では、かんな削りは日本と韓国では、かんなを「引く」ときに木材を削っている。また、のこぎりびきは日本と韓国そしてネパールでは、のこぎりを「引く」ときに木材を切断している。それ以外の国ではかんな削り、のこぎりびきともに「押す」動作で、木材を削ったり、切断したりしている。

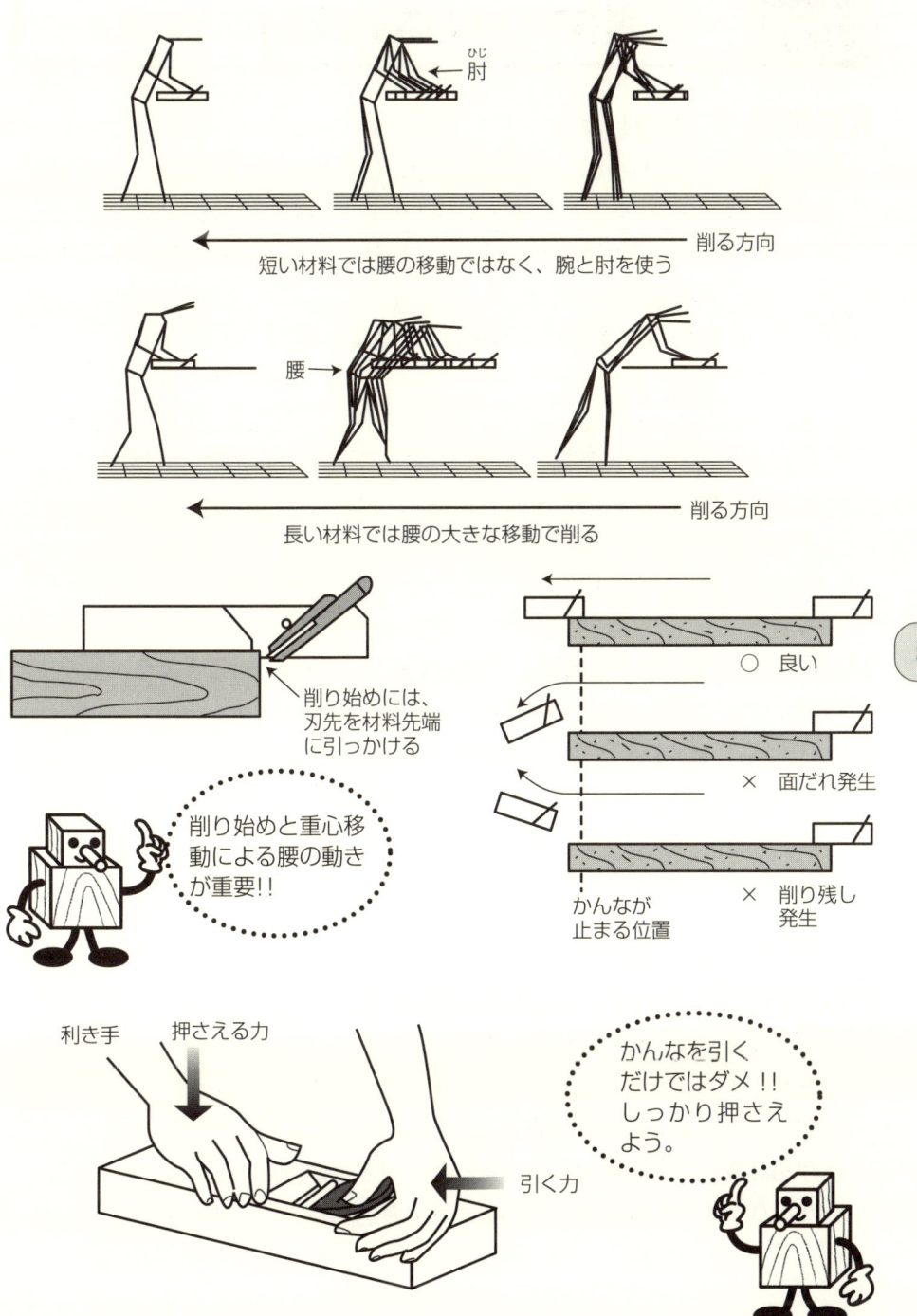

1-7 かんな削り名人―棟梁の身のこなし

肘

← 削る方向

短い材料では腰の移動ではなく、腕と肘を使う

腰

← 削る方向

長い材料では腰の大きな移動で削る

削り始めには、刃先を材料先端に引っかける

○ 良い

× 面だれ発生

× 削り残し発生

かんなが止まる位置

削り始めと重心移動による腰の動きが重要!!

利き手　押さえる力　　　引く力

かんなを引くだけではダメ!!しっかり押さえよう。

1-8　削れないかんなの原因1、2、3

Ready!　準備しよう
①かんな、②さしがね(または下端定規)、③げんのう、④研磨紙(＃180)、⑤補助板(幅230×厚さ15×長さ300mm)、⑥両面粘着テープ、⑦台直しかんな、⑧金砥石(またはダイヤモンド砥石＃800)、⑨金床、⑩グラインダー

Do!　(1)かんな台下端面の平面度を検査しよう
① かんな身刃先と裏金刃先を下端面から1～2mm低く下げる。
② さしがねで下端面の幅、長さ、対角線の3方向の平面状態を検査する。
③ 研磨紙を補助板材に粘着テープで止め、下端面全面を平らに削る。
④ 刃口元、台尻部分だけ幅を約10mm残して、その他の面を約0.2mm程低く削る。
⑤ 刃口先を研磨紙(＃180)で、幅10mmで1mm程低く削る。

Do!　(2)「裏面の密着度」「裏金の耳」「丸刃」を調べよう
① かんな身と裏金の裏刃同志が隙間なく密着するかどうかを調べる。隙間が見える(両裏刃が平面でない)場合、金砥石で裏押しを行う。
② かんな身と裏金の裏刃を重ね合わせ、裏金の耳の曲げのバランスを見る。裏金の耳が不揃いの場合、金床上で耳をげんのうで曲げて調整する。
③ かんな身の切れ刃面の丸味の有無を調べる。丸味がある場合は、グラインダーで丸味を削り取る。

Points!　削れないかんなの主な原因
① 刃口元と台尻が高くなっていない。
② 削れるように刃先を出したとき、刃口先が刃先より高い。
③ 刃口元と台尻に幅ぞりが発生し、平面になっていない。
④ かんな身と裏金の裏刃同志を重ね合わせると隙間があり、耳も不揃い。
⑤ かんな身切れ刃面に丸味があり、刃先が材料に食い込まない。

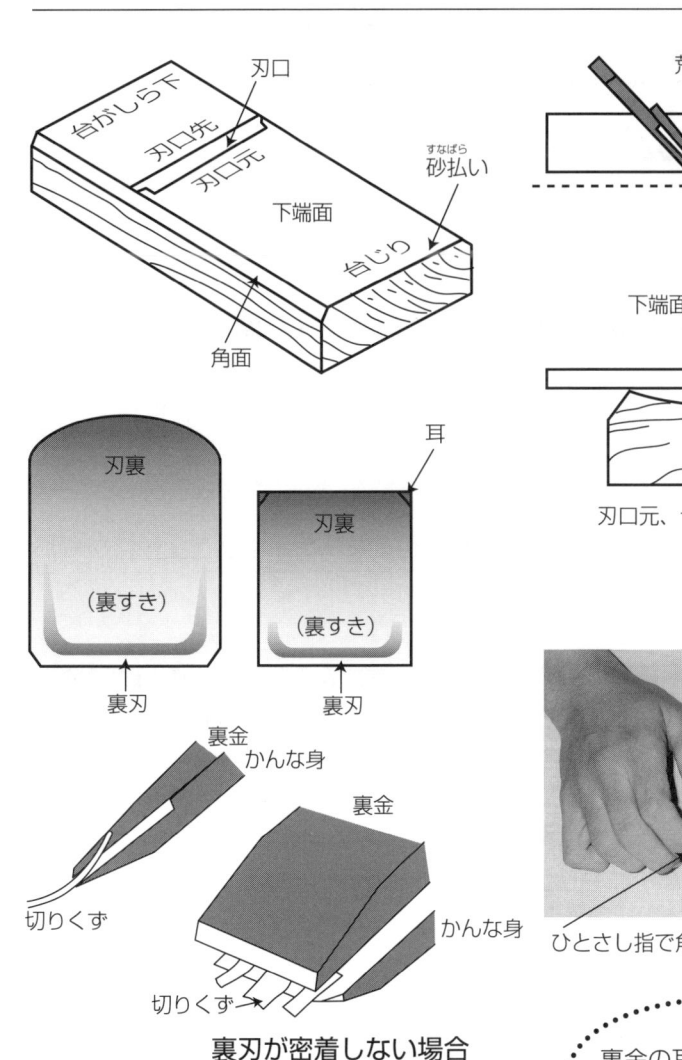

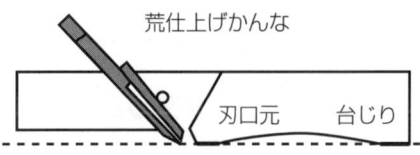

1-8 削れないかんなの原因 1、2、3

荒仕上げかんな

- 台がしら下
- 刃口
- 刃口先
- 刃口元
- 砂払い（すなばら）
- 下端面
- 台じり
- 角面

下端面に「幅ぞり」あり ✗
かんな台

刃口元、台じりの幅ぞりの検査

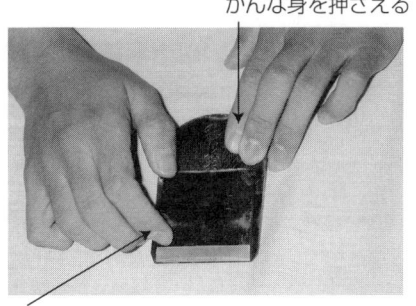

- 刃裏
- （裏すき）
- 裏刃
- 耳

- 裏金
- かんな身
- 切りくず

裏刃が密着しない場合

かんな身を押さえる
ひとさし指で角をたたく

裏金の耳の検査

裏金の耳が不揃いだと、カタカタと音がするよ。

グラインダーによる丸刃の修正

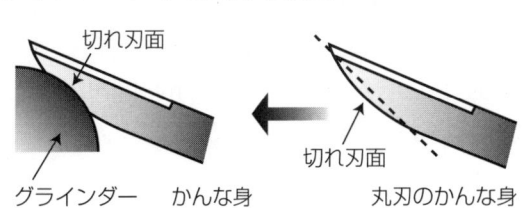

- 切れ刃面
- グラインダー
- かんな身
- （刃先の焼きが戻らないように注意）
- 切れ刃面
- 丸刃のかんな身

1-9 卓上かんな盤で－2つの基準面から厚さ、幅決めを

Ready! 準備しよう
①卓上手押しかんな盤、②卓上自動かんな盤、③木材（長さ300mm以上の板材、角材）

Do! 板材を卓上手押しかんな盤と卓上自動かんな盤で加工しよう
① 卓上手押しかんな盤の前テーブル上に削る面（木表面）を置き、テーブル上で材料を手動送りして削り、基準面加工を行う。（第1基準面）
② 第1基準面の隣の木端面は、①で加工した木表面を定規に密着させながら、卓上手押しかんな盤で加工する。（第2基準面）
③ 卓上自動かんな盤で、第1基準面（木表面）の裏側の木裏面を上側にして加工し、所定の厚さに仕上げる。

Points! 卓上手押しかんな盤と卓上自動かんな盤による加工の秘訣
① 卓上手押しかんな盤の定規は、テーブルに対して正確に90°に設定する。
② 卓上手押しかんな盤と卓上自動かんな盤による加工では、いずれも順目切削になる方向に材料を送る。
③ 角材では、第2基準面の裏側の面も自動かんな盤で加工すると、正方形の断面に仕上がる。

❖卓上かんな盤の安全作業❖
　卓上手押しかんな盤と卓上自動かんな盤は、ナイフを取り付けたかんな胴を回転させて、材料の表面を回転かんな削りします。加工された面は、厳密には平面ではなく波状になっており、これをナイフマークといいます。加工中は、回転するナイフに手が接触しないように注意しましょう。卓上手押しかんな盤では、安全のために、かんな胴の上部の安全カバーを取り外さないようにします。前テーブルと後テーブルの高さの差が削り代（削る量）になりますが、削り代は大きく取らず、1mm以下にしましょう。薄い材料や300mm以下の短い材料は削らないようにしましょう。

卓上手押しかんな盤

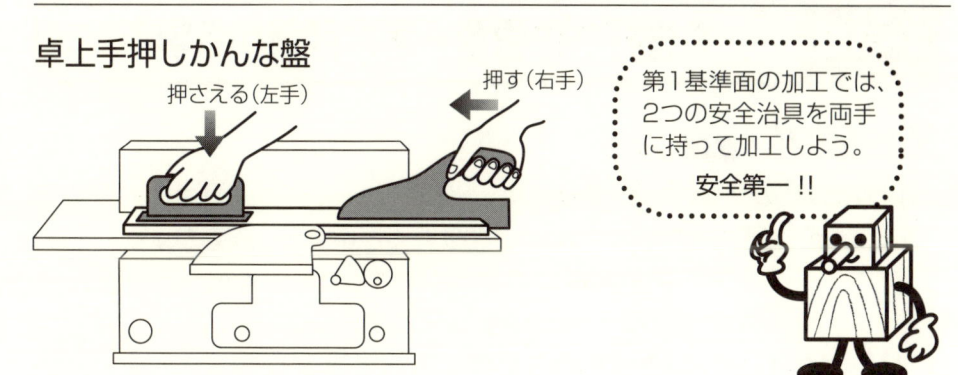

押さえる(左手)　押す(右手)

> 第1基準面の加工では、2つの安全治具を両手に持って加工しよう。
> 安全第一!!

板材と角材の加工の順序

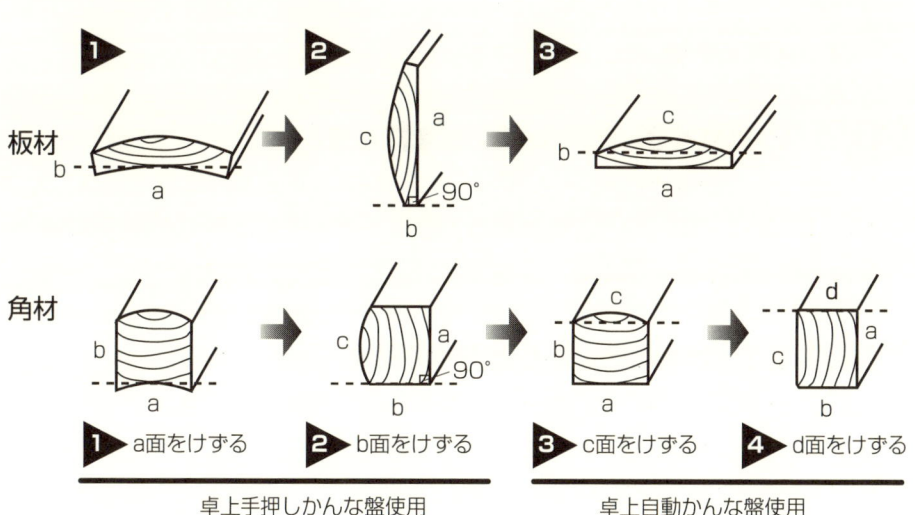

板材
1. a面／b
2. a／b／c／90°
3. b／a／c

角材
1. a面をけずる
2. b面をけずる
3. c面をけずる
4. d面をけずる

(1・2) 卓上手押しかんな盤使用　　(3・4) 卓上自動かんな盤使用

卓上自動かんな盤

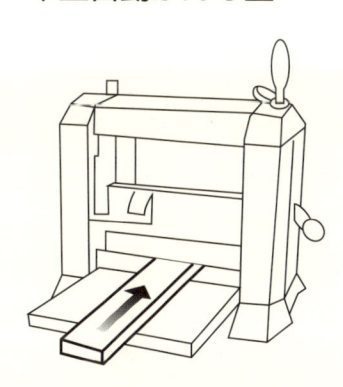

> 板材と角材の加工では、まず卓上手押しかんな盤で直角2面の基準面加工を行い、その後、卓上自動かんな盤で厚さをそろえる加工をします。なお、板材では残された木端面は卓上自動かんな盤では加工できません。卓上丸のこ盤で縦びきして、幅をそろえましょう。

1-10 くぎ打ちの極意－宮本武蔵から学ぶ

Ready! 準備しよう
①げんのうの柄(長さ約250mm)、②布リボン(幅約20mm、長さ約750mm)、③げんのう(約240g)、④鉄丸くぎ(N25)、⑤真ちゅうくぎ(長さ25mm)、⑥アルミ箔(鉛板)、⑦角材(30×30×300mm)

Do! (1)リボン付きげんのうの柄をふってみよう
① リボンをげんのう柄の先端につけ、5本の指を意識して柄尻(えじり)を持つ。
② 手首だけでリボン付きげんのうを振る。肘(ひじ)だけでげんのうを振る。
③ 肩、肘、手首の順で、リボン付きげんのうを大きく振る。

Do! (2)鉄丸くぎ、真ちゅうくぎを打とう
① 人差し指、親指でげんのうの柄を握り、鉄丸くぎと真ちゅうくぎを打つ。
② 小指、薬指でげんのうの柄を握り、鉄丸くぎと真ちゅうくぎを打つ。
③ げんのうの柄元、柄中央、柄尻のそれぞれを握り、打ち比べる。

Points! げんのうの握りと振りの秘訣
① 初心者はげんのうの柄の中央を、慣れてきたら柄尻を握る。
② げんのうの柄は小指、薬指でしっかり握り、親指、人差し指は浮かせる。
③ 打ち終わりは、手首のスナップを効かせて、くぎの頭を打ち沈める。
④ くぎが曲がらないためには、げんのう頭部中央でくぎ頭部を直角に打つ。

✤宮本武蔵・五輪書(水の巻)✤
　五輪書には次のように記されています。「太刀(たち)のとりやうは、大指ひとさし指を浮る心にもち、たけ高指しめずゆるまず、くすしゆび小指をしむる心にして持也。」野球のバット、ゴルフのクラブ、テニスのラケット、げんのうなど、いずれも太刀と同様に小指、薬指で握ることが大切です。

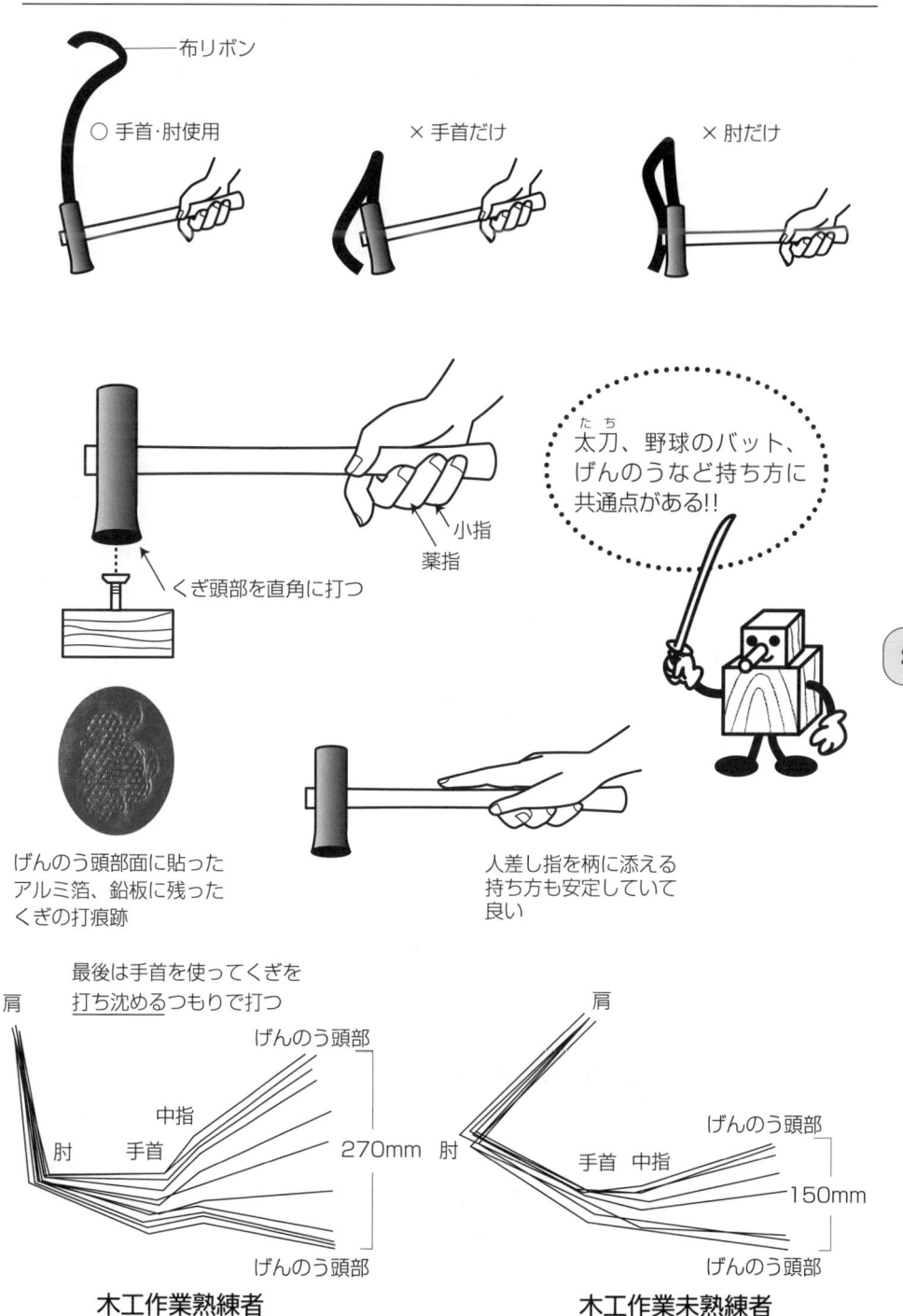

1-10 くぎ打ちの極意 — 宮本武蔵から学ぶ

布リボン

○ 手首・肘使用　　　× 手首だけ　　　× 肘だけ

小指
薬指
くぎ頭部を直角に打つ

太刀、野球のバット、げんのうなど持ち方に共通点がある!!

げんのう頭部面に貼ったアルミ箔、鉛板に残ったくぎの打痕跡

人差し指を柄に添える持ち方も安定していて良い

最後は手首を使ってくぎを打ち沈めるつもりで打つ

肩
肘　手首　中指　げんのう頭部
270mm
げんのう頭部

木工作業熟練者

肩
肘　手首　中指　げんのう頭部
150mm
げんのう頭部

木工作業未熟練者

1-11　接着を楽しもう－木工・家具用接着剤

Ready!　準備しよう

①木工ボンド(酢酸ビニル樹脂系エマルジョン型接着剤)、②合成ゴム系接着剤、③瞬間接着剤(シアノアクリレート系接着剤)、④研磨紙(＃180)、⑤圧締具(Fクランプ、Cクランプ、端金)、⑥布、⑦ヘラ、⑧プラスチックハンマー、⑨当て板

Do!　3種類の接着剤で木材を接着しよう

① 接着面を研磨紙(＃180)で磨く。(素地磨き)
② 木工ボンドは、塗ってからはり合わせ、圧締具を使用して接着する。
③ 合成ゴム系接着剤は、木の使い捨てヘラで両面に薄く塗り、生乾きの状態で貼り合わせ、プラスチックハンマーで当て板上を叩いて接着する。
④ シアノアクリレート系接着剤は、木材の表面に線状か点状に少量塗り、貼り合わせてから圧締して接着する。

Points!　木材接着の秘訣

① 素地磨きを入念に行い、木材表面の汚れを落として、平滑にする。
② 木工ボンドを塗って圧締後にはみ出た接着剤は、湿らせた布できれいに拭き取る。
③ 合成ゴム系接着剤は、木材の両面に厚く塗らない。薄くのばすように塗る。
④ シアノアクリレート系接着剤は、接着面積の広いところには適さないので、小さい木材の接着に使用する。短時間で硬化するので、瞬間接着剤とも呼ばれている。指に接着剤がつかないように注意する。

✤くぎ打ちでは接着剤を併用しよう✤

　くぎ打ちによる組立では、木工ボンド(酢酸ビニル樹脂系エマルジョン型接着剤)を塗布してからくぎ打ちをすると、接合部が強くなります。くぎが接着剤の圧締の役割をします。はみ出た接着剤は、湿らせた布できれいに拭き取りましょう。木工ボンドは白色のクリーム状ですが、乾くと無色透明になります。

木工ボンド（酢酸ビニル樹脂系エマルジョン型接着剤）

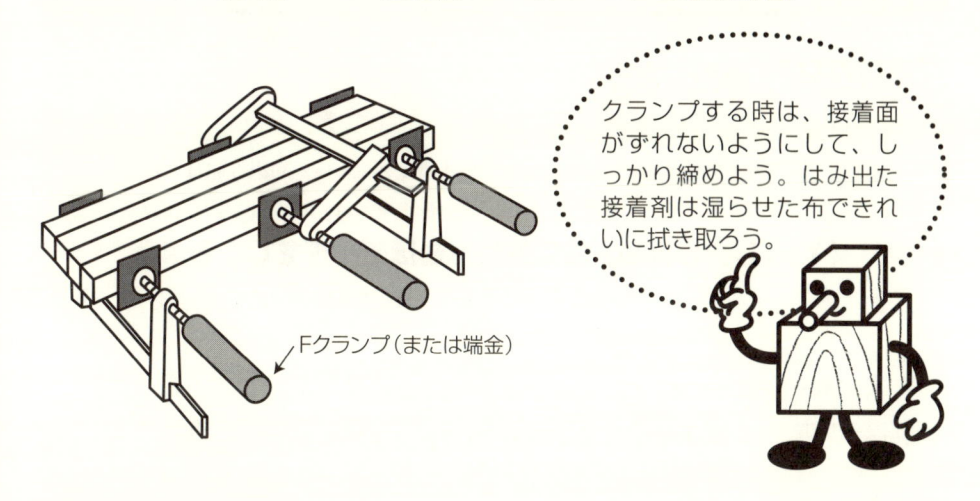

Fクランプ（または端金）

クランプする時は、接着面がずれないようにして、しっかり締めよう。はみ出た接着剤は湿らせた布できれいに拭き取ろう。

合成ゴム系接着剤

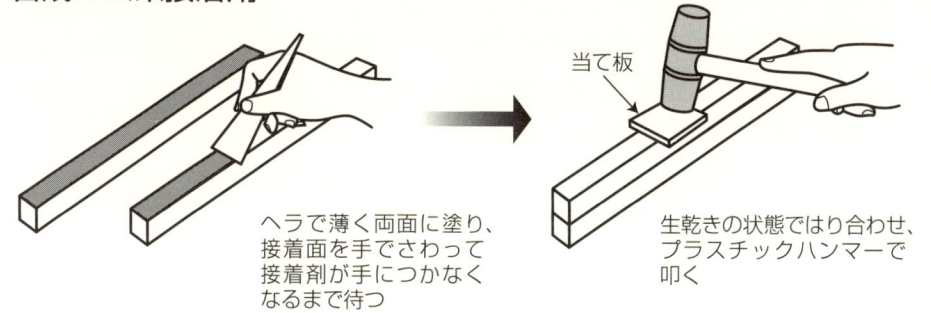

ヘラで薄く両面に塗り、接着面を手でさわって接着剤が手につかなくなるまで待つ

当て板

生乾きの状態ではり合わせ、プラスチックハンマーで叩く

瞬間接着剤（シアノアクリレート系接着剤）

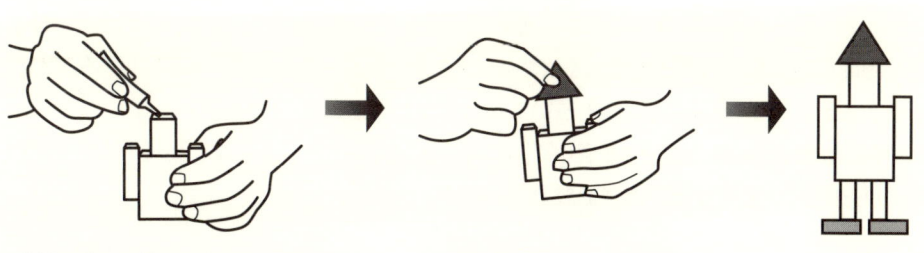

木材の表面に線状か点状に少量塗る。手につかないように注意する

貼り合わせて、1〜2分間圧着する

完成

1-12 ほぞ接合の密着の秘密－はめあい、嵌合度

Ready! 準備しよう

①角のみ盤、②ほぞ取り盤、③さおけびき、④白書、⑤向こうまちのみ（幅9mm）、⑥げんのう、⑦くさび、⑧角材（30×30×300mm）3本

Do! (1)「しまりばめ」で二方胴付きほぞ接ぎをしてみよう

① 長さ30mm、幅9mmのほぞ穴両側に0.5mmの「しめしろ」を取ってあける。
② ①のほぞ穴に合うほぞ加工する。ほぞ長さは数mm短くする。
③ ほぞ穴にほぞをげんのうで叩き込み、胴付き面を密着させる。

Do! (2)割りくさびほぞ接ぎをしてみよう

① 向こうまちのみで通しほぞ穴をあけ、ほぞ穴にくさび代を取る。
② ほぞ穴深さより数mm長くほぞを取り、ほぞに20°の「ひき目」を入れる。
③ ほぞをほぞ穴にげんのうで叩き込み、胴付き面を密着させる。
④ ひき目にくさびを立てて、交互に叩いてくさびを打ち込む。

Points! ほぞを強固に接合する秘訣

①「しめしろ」を木材の繊維方向に取る。数mm程度（樹種で異なる）。
② 割りくさびほぞ接ぎでは、「くさびしろ」と「くさび」で強固に接合する。
③ 穴に入る方の先端を「木殺し」して入れ、木の膨潤によって強固にする。

✤木工の「はめあい」、「嵌合度」✤

きつくしまる程度をはめあい、嵌合度と呼んでいます。木工ではお互いの接合部に隙間があって、スポスポで入る状態を「すきまばめ」と言います。手で押し込んでやっと入る状態を「とまりばめ」と言います。もっとも強固で、げんのうで叩かないと入らない状態を「しまりばめ」と表しています。きつく接合させるには、繊維方向に適度な「しめしろ」を設けることが必要です。

1-12 ほぞ接合の密着の秘密 — はめあい、嵌合度

〔二方胴付きほぞ接ぎ〕

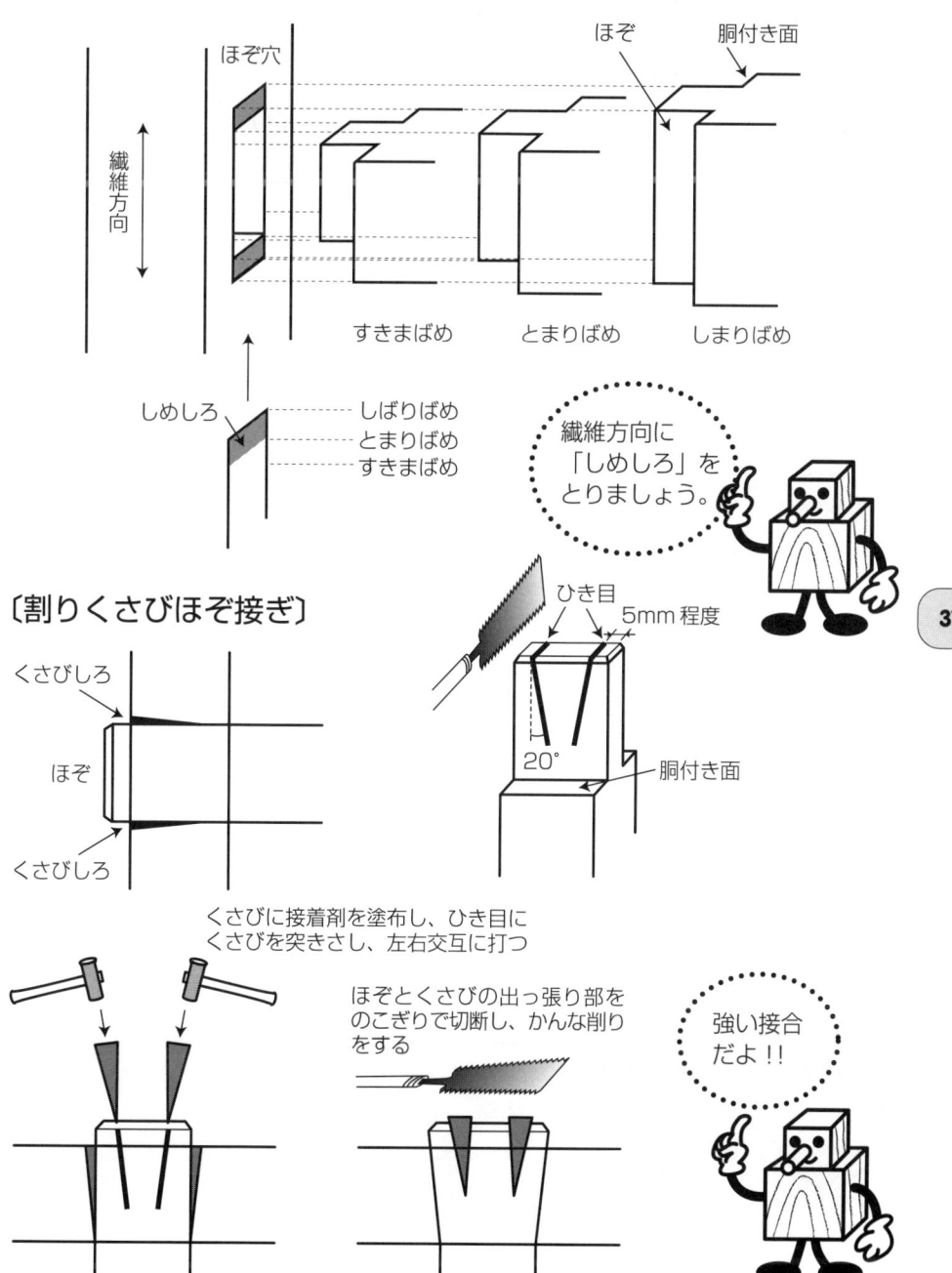

ほぞ穴
ほぞ
胴付き面
繊維方向

すきまばめ　とまりばめ　しまりばめ

しめしろ
しばりばめ
とまりばめ
すきまばめ

繊維方向に「しめしろ」をとりましょう。

〔割りくさびほぞ接ぎ〕

くさびしろ
ほぞ
くさびしろ

ひき目
5mm程度
20°
胴付き面

くさびに接着剤を塗布し、ひき目にくさびを突きさし、左右交互に打つ

ほぞとくさびの出っ張り部をのこぎりで切断し、かんな削りをする

強い接合だよ！！

1-13 額縁の接合を美しく、強く－留め接ぎ

Ready! 準備しよう
①両刃のこぎり、②胴付きのこぎり、③合板(厚さ3mm)、④瞬間接着剤(シアノアクリレート系接着剤)、⑤接着剤(木工ボンド)、⑥かんな、⑦四つ目ぎり、⑧丸頭くぎ(25mm)、⑨額縁製作用材料

Do! (1)ひき込み留め接ぎをしてみよう
① 45°に切断した2本の角材を平留め接ぎの状態にする。正確に90°にならない時は、のこ身を接合部に入れてのこびきし、隙間の補正を行う。
② 瞬間接着剤で接着し、留め接ぎ部に両刃のこぎりで1本または2本ののこ道を入れる。深さは、留め接合部の2/3程度にする。
③ 合板で作ったちぎりの挿入部を木殺しし、接着剤(木工ボンド)を付けてのこ道に入れる。
④ 額縁からはみ出たちぎり部を両刃のこぎりで切断し、かんなで仕上げる。

Do! (2)簡単な補強法をやってみよう
① 留め接ぎ部に下穴をあけ、くぎを打ち込んで、平留め接ぎを補強する。
② 額縁の裏面の留め接ぎ部に、三角形に切断した合板を瞬間接着剤で貼る。

Points! 平留め接ぎを正確に美しくする秘訣
① 見栄えも良くし、接合を補強する1つにひき込み留め接ぎがある。
② 正確に直角の留めができないときは、のこ身を適宜入れて引く。
③ 4本の材料は、最初二つのV字の平留め接ぎを作ってから、4本を組む。

❖留め接ぎ補強の種類❖

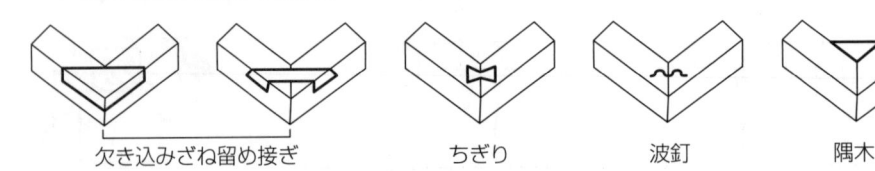

欠き込みざね留め接ぎ		ちぎり	波釘	隅木

1-13 額縁の接合を美しく、強く—留め接ぎ

90°平留め接ぎの隙間の補正法

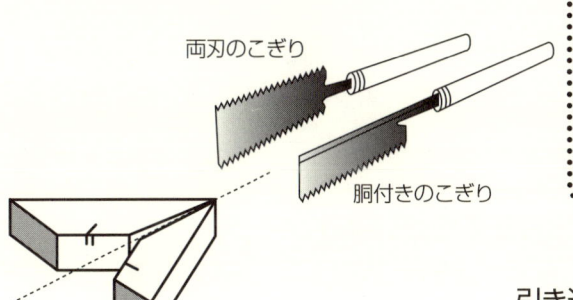

両刃のこぎり

胴付きのこぎり

隙間が大きい時は両刃（横びき）のこぎりののこ身で、隙間が小さい時は胴付きのこぎりののこ身でのこびきをしよう。

平留め接ぎ

平留め接ぎ

引き込み留め接ぎ

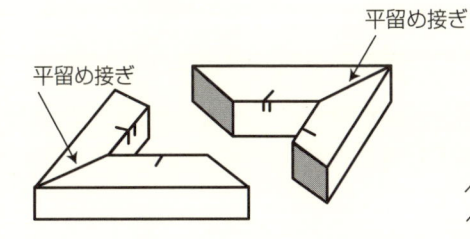

のこ道の作り方

V字型を2つ作ってから、接合しよう。この時接合部が密着しない時はのこ身を入れてのこびきをして隙間をなくしましょう。

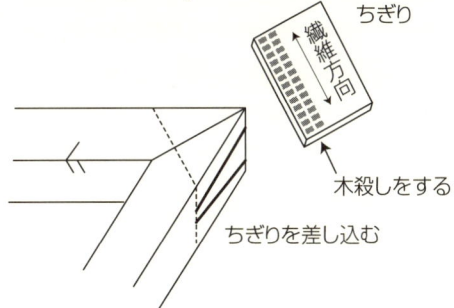

ちぎり

織維方向

木殺しをする

ちぎりを差し込む

平留め接ぎの簡単補強法

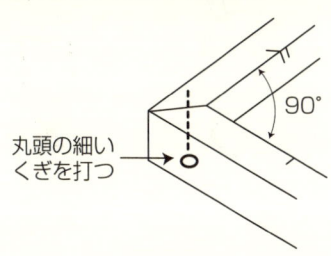

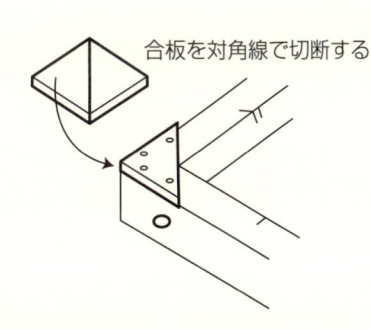

丸頭の細いくぎを打つ

90°

合板を対角線で切断する

1-14 上手なドライバー使用の秘訣

Ready! 準備しよう
①ドライバー、②木ねじ、③ミニボール盤、④ツイストドリル、⑤皿取りビット（ロータリーカッター）、⑥四つ目ぎり、⑦コーナークランプ、⑧木材（板材）

Do! 2枚の板をL型に木ねじで接合しよう
① 上板の接合位置に、ミニボール盤を用いて木ねじの呼び径（直径）よりも1mm程大きい直径のツイストドリルで下穴（通し穴、貫通穴）をあける。
② 皿取りビットで、上板の下穴の上部に皿取り加工を行う。
③ 上板と下板の接合位置を合わせ、四つ目ぎりで下板に印をつける。
④ その印を下板の厚さの中央に修正してから、四つ目ぎりで下穴をあける。下穴の直径は、木ねじの直径の1/2までにする。
⑤ ドライバーで木ねじをねじ込む。

Points! ねじ込みの秘訣
① 下穴は、材面に対して直角にあける。
② 使用する木ねじの長さは、材料の厚さの2～2.5倍にする。
③ 木ねじの頭の溝にフィットするドライバーを選択する。
④ 材面に対してドライバー軸を直角にし、強く押しつけながらねじ込む。
⑤ コーナークランプを用いると、上板と下板の接合位置を正確に合わせることができる。

✤ドライバーについて✤
ドライバーは、木ねじなどを締めたり、緩めたりする工具です。軸先端の形状によって、プラス（十字穴）とマイナス（すりわり）の2種類があります。木ねじの頭の形状と溝の大きさにあったドライバーを使用しましょう。

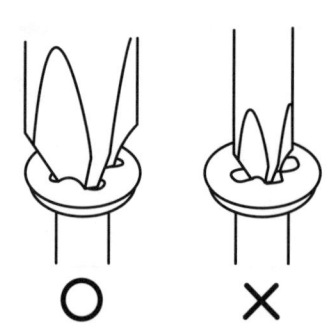

1-14 上手なドライバー使用の秘訣

上板の下穴あけ

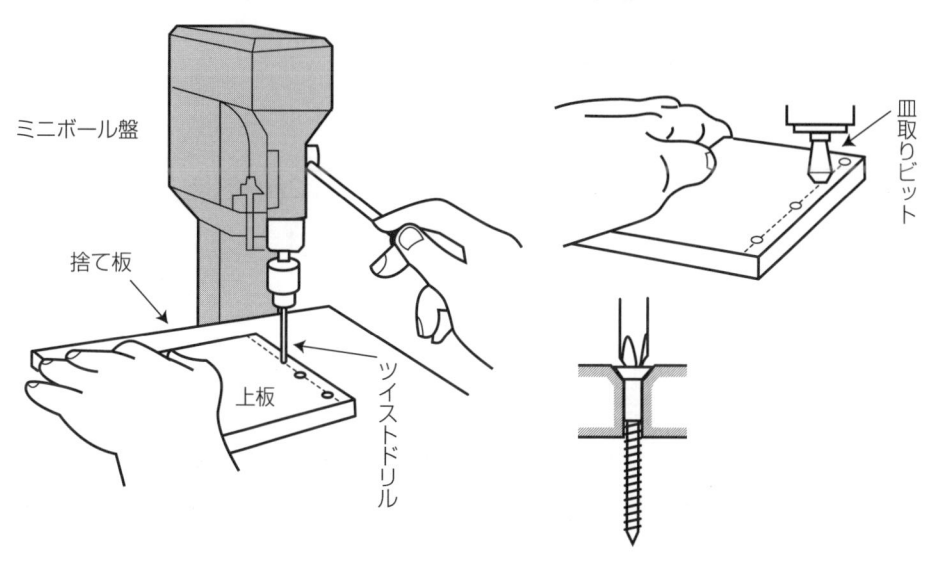

ミニボール盤
捨て板
上板
ツイストドリル

上板の皿取り

皿取りビット

ドライバーによる木ねじのねじ込み

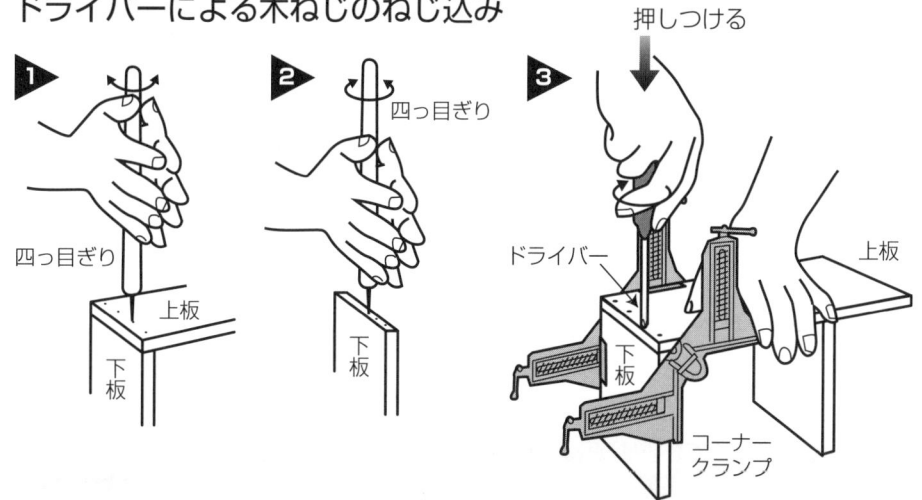

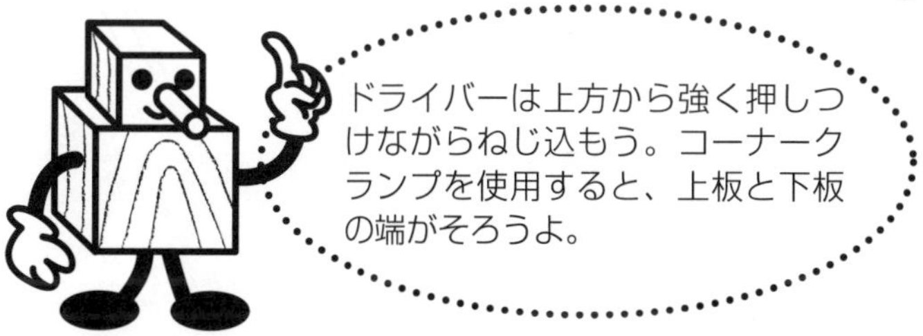

1 四つ目ぎり / 上板 / 下板

2 四つ目ぎり / 下板

3 押しつける / ドライバー / 下板 / 上板 / コーナークランプ

ドライバーは上方から強く押しつけながらねじ込もう。コーナークランプを使用すると、上板と下板の端がそろうよ。

1-15　もっと使おうコーススレッド

Ready!　準備しよう
①コーススレッド、②インパクトドライバー

Do!　コーススレッドをインパクトドライバーでねじ込んでみよう
① 下穴きりをインパクトドライバーに取り付け、材料に下穴をあける。
② プラスのドライバービットをインパクトドライバーに取り付ける。
③ コーススレッドの先端を下穴に挿入する。
④ コーススレッドをインパクトドライバーでねじ込む。

Points!　インパクトドライバーによるねじ込みの秘訣
① ねじ込み位置が材料の端に近い場合は、ねじ込み時の材料の割れを防ぐために、あらかじめ下穴きりで下穴をあける。
② 使用するコーススレッドの長さは、材料の厚さの2～2.5倍にする。
③ ドライバービット先端をコーススレッド頭部のプラス溝に挿入し、ドライバービットを材面に対し直角にして、強く押しつけながらねじ込む。
④ ねじ込みが確実にできるように、スイッチの引き具合を調整する。
⑤ スイッチを急に強く引くと、高速回転してドライバービット先端がコーススレッド頭部の溝から外れて空回りし、溝を潰すことがある。

✤インパクトドライバーについて✤

インパクトドライバーは、出力軸に一定の負荷がかかると、打撃作用が回転方向に作動して、強くねじ込むことができます。電源は充電式が一般であり、スイッチの引き具合によって回転数を調整します。インパクトドライバーは、コーススレッドのほかに木ねじやタッピンねじにも使用することができます。いずれの場合も、ねじの頭の形状や溝の大きさに合ったドライバービットを選び、ねじ込みましょう。

コーススレッド

ガンガン!!

1-15 もっと使おうコーススレッド

インパクトドライバー

ドライバービット
スイッチ
充電式バッテリー

コーススレッドは、ねじの山から山までの距離（ピッチ）が、木ねじよりも長いので、短時間でねじ込みができるよ。

ドライバー ビットの取り付け方

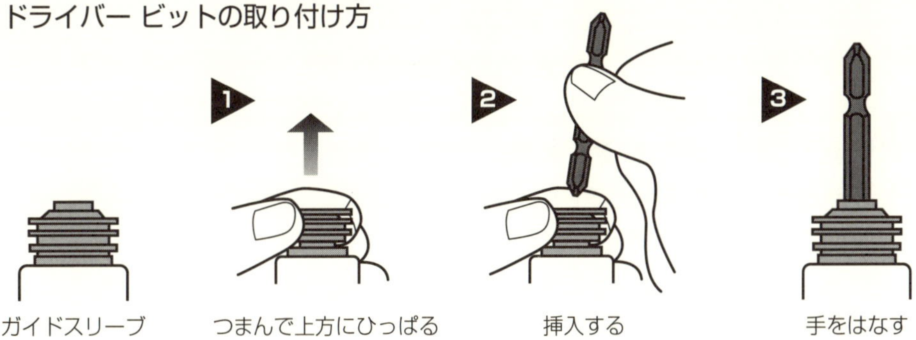

1. ガイドスリーブ / つまんで上方にひっぱる
2. 挿入する
3. 手をはなす

強く押しつけながらねじ込もう。

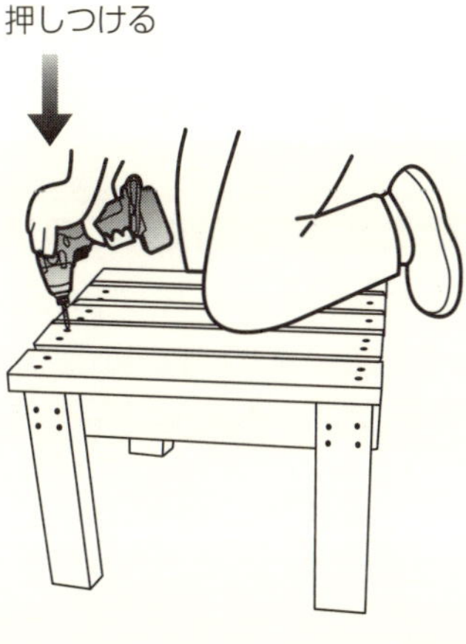

押しつける

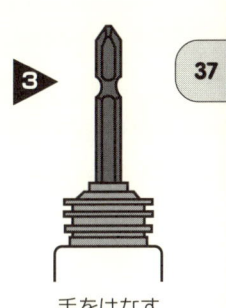

1-16 木材を美しく磨こう－サンダーいろいろ

Ready! 準備しよう
①研磨紙(#120～#240、#400)、②オービタルサンダー、③ベルトサンダー、④ディスクサンダー、⑤スピンドルサンダー、⑥木材(板材)

Do! 研磨紙やサンダーで磨こう
① 研磨紙を板に巻き付けて、研磨粉がでるように材料の平面を研磨する。
② 研磨紙を丸棒に巻き付けて、材料の曲面を研磨する。
③ オービタルサンダーを木材の繊維方向に移動させながら、材料の表面を研磨する。
④ ベルトサンダーで木口面を平面に仕上げる。
⑤ ベルトサンダーで曲面(外丸面)を研磨する。
⑥ ディスクサンダーで曲面(外丸面)を研磨する。
⑦ スピンドルサンダーで曲面(内丸面)を研磨する。

Points! 美しく磨く秘訣
① 手作業による研磨作業では、#120～#240の研磨紙を使用する。さらに、#400の研磨紙で研磨すると、より平滑に仕上がる。
② ベルトサンダーは、回転する研磨布が上下にぶれないように調整する。
③ ベルトサンダーによる研磨では、材料を回転する研磨布に強く押しつけすぎると、材料の表面が焦げることがある。
④ 曲面(外丸面、内丸面)研磨では、木材の繊維方向を考慮して、順目加工になる方向に材料を移動させる。

✤研磨紙と研磨布の粒度について✤
　研磨紙と研磨布の粒度は、#○○で表します。○○の数字は、研磨紙と研磨布の裏面に表示されています。材料の形状修正では#60～#80、一般の表面磨きでは#120～#240、塗装面の磨きでは#240～#400を使用しましょう。

1-16 木材を美しく磨こう―サンダーいろいろ

研磨紙による磨き

平面
研磨紙を板に巻き付けて磨く

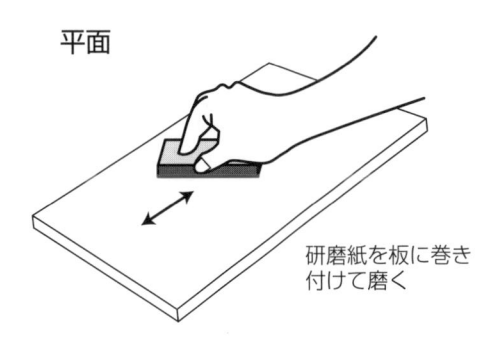

曲面
研磨紙
丸棒
加工方向
万力

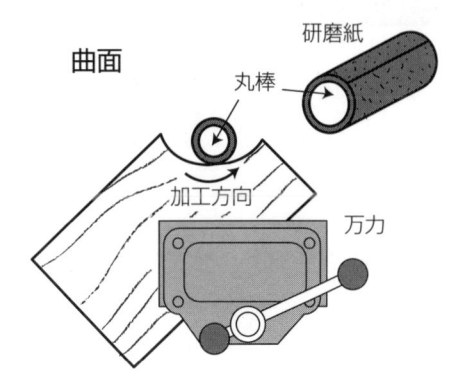

各種サンダーによる磨き

オービタルサンダー
平面を磨く

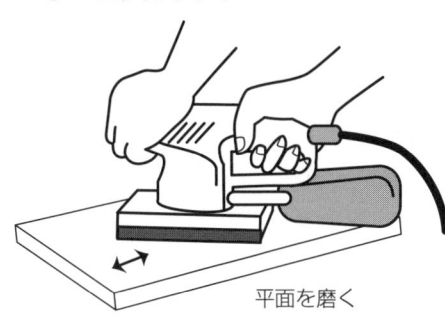

ベルトサンダー
平面と外丸面を磨く

ディスクサンダー
回転
加工方向
外丸面を磨く

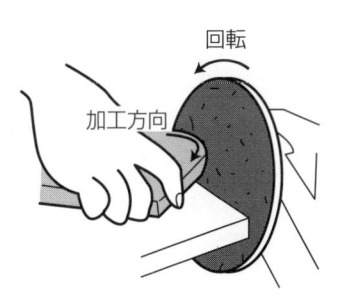

スピンドルサンダー
回転
加工方向
内丸面を磨く

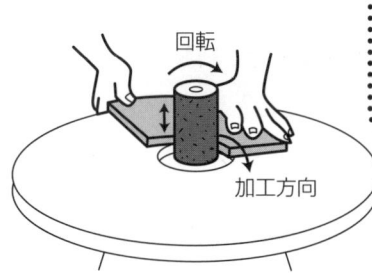

磨く面の形状（平面、外丸面、内丸面）によってサンダーを使い分けよう。

1-17　一番簡単な白木塗装－拭き塗り

Ready!　準備しよう
①ワックス、②木彫オイル、③研磨紙（#180,#400）、④刷毛、⑤金属容器、⑥ウエス

Do!　(1)ワックスで拭き塗りをしよう
① #180の研磨紙で製作品の表面を研磨する。（素地磨き）
② ワックスをスポンジかウエス（綿布）に少しつけ、手のひら位の大きさの円を描きながら移動させて、丁寧に擦り込む。
③ 30分間～1時間放置し、ウエスで余分なワックスをよく拭き取る。
④ 再度塗る場合は、②と③を繰り返す。
⑤ 乾燥後、ウエスで入念に拭き上げる。

Do!　(2)木彫オイルで拭き塗りをしよう
① 素地磨きは、#180の研磨紙またはスチールウールで行う。
② 木彫オイルを金属容器に移し、木彫オイルを刷毛でうすく均一に塗る。
③ ウエスで円を描くように回して、丁寧に木彫オイルを材料に擦り込む。
④ よく擦り込んでから、繊維方向にそってウエスで拭き取る。
⑤ 一昼夜放置後#400の研磨紙で磨き、再度木彫オイルを刷毛塗りし、とぎかすを擦り込むように繊維方向に沿ってウエスで拭き上げる。
⑥ 約90分間乾燥させてから再度刷毛塗りをし、ウエスでよく拭き取る。さらに、別の新しいウエスで磨くように完全に拭き取り、乾燥させる。

Points!　拭き塗りの秘訣
① 素地磨きは、研磨紙で入念に行う。
② ワックスの擦り込み、木彫オイルの刷毛塗りは、手袋を着用して換気のよい場所で行う。
③ ウエスによる擦り込み、拭き取りは、木材の繊維方向に沿って行う。

ワックスの拭き塗り

1 スポンジ

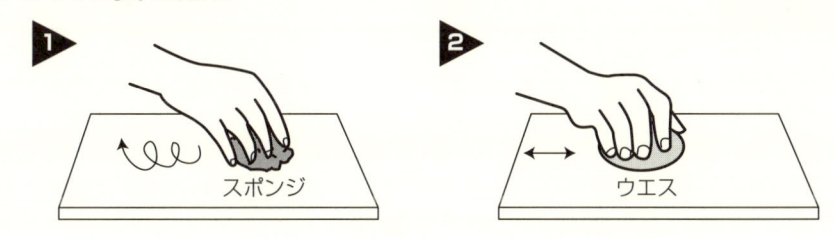

2 ウエス

木彫オイルの拭き塗り

1 オイルを刷毛塗りする

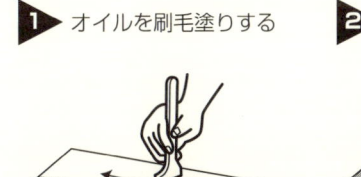

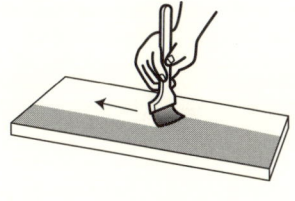

2 ウエスでオイルを材料にすり込む

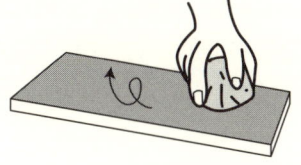

3 ウエスで拭き取る

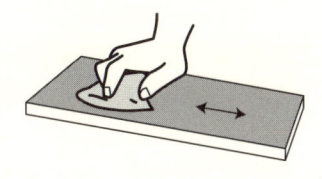

4 一昼夜放置後研磨紙で磨く（毛羽を取り除くため）

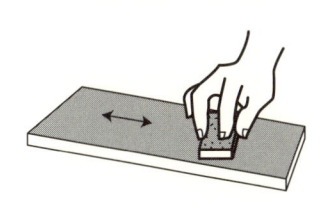

5 オイルを再度刷毛塗りする

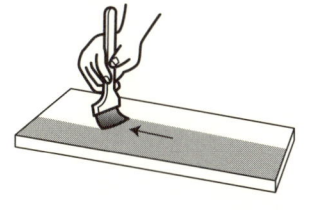

6 とぎかすをすり込むように、ウエスで拭く

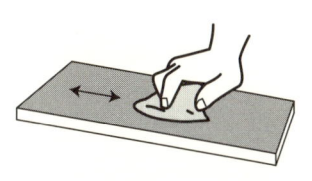

7 乾燥させて、オイルを再度刷毛塗りする

8 ウエスでよく拭き取る

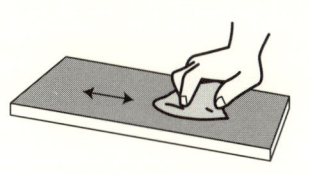

9 ウエスで磨くように完全に拭き取る

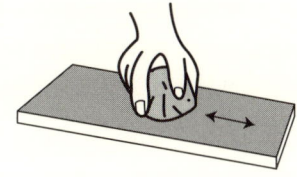

1-18　木材塗装の技－刷毛さばき

Ready!　準備しよう
①塗料(水性ニス)、②刷毛、③研磨紙(#180、#400)、④金属容器

Do!　水性ニスを製作品に刷毛で塗ろう
① #180の研磨紙で表面を磨く。(素地磨き)
② 刷毛をよくほぐして抜け毛を取り除き、水性ニスを金属容器に移す。
③ 塗料を刷毛の毛先2/3位まで付け、垂れない程度に含ませる。
④ 塗料を木材の繊維方向に沿って、1列ずつ刷毛塗りする。(下塗り)
⑤ 十分に乾燥してから、#400の研磨紙で軽く磨く。
⑥ 塗料を④と同様に刷毛塗りする。(上塗り)
⑦ 塗装後、刷毛の塗料が乾かないうちに、刷毛や金属容器をよく洗う。

Points!　美しく塗装する秘訣
① 素地磨きは入念に行い、表面の汚れを落とし、表面を平滑にする。
② 塗装の順番は、製作品の隅や内側など塗りにくい所を優先させる。
③ 刷毛は、親指以外の指4本をそろえて、親指と一緒にはさむように持つ。
④ 刷毛塗りでは、重ね塗りをしない。
⑤ 上塗り後、研磨紙で塗装面を磨かない。
⑥ とくに広葉樹では、平滑な素地を作るため、塗装前に「目止め」を行う。

✤木材の目止めについて✤

　塗装前に、木材(とくに広葉樹)の道管の細胞内腔や小穴を埋めて平らにしたり、着色のため、「目止め」を行うことがあります。耳たぶ程度の柔らかさに水で溶いたとの粉などの目止め剤を、刷毛やへらで擦り込みます。生かわきの時に、木材表面の目止め剤を擦り込むように、布を回しながら拭き取ります。残った目止め剤が十分乾燥してから、#240の研磨紙で軽く磨き、隅に残った目止め剤は、ブラシなどを用いて取り除きます。針葉樹では、目止めを省きます。

刷毛の持ち方

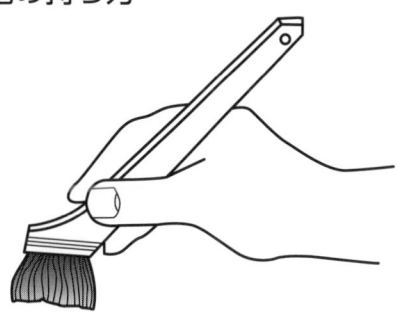

刷毛による塗り方

（壁のない場合）

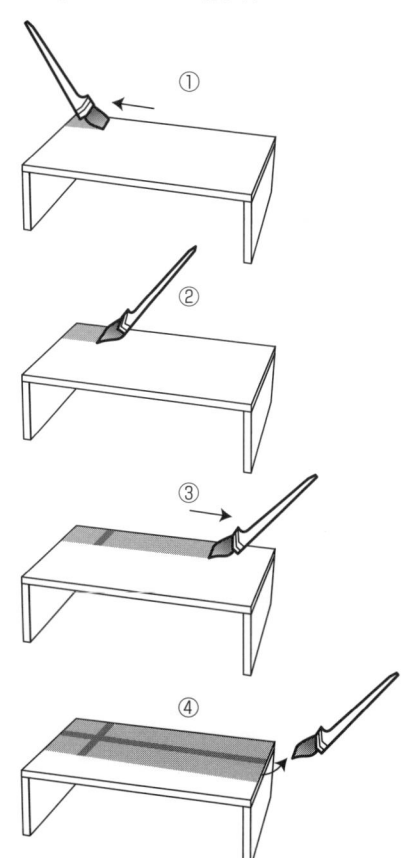

① ② ③ ④

金属容器に塗料を多く入れないようにしましょう。容器の周囲で多く付いた塗料を切って、刷毛塗りします。

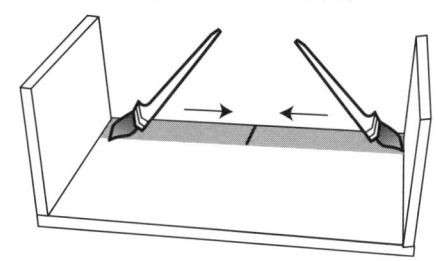

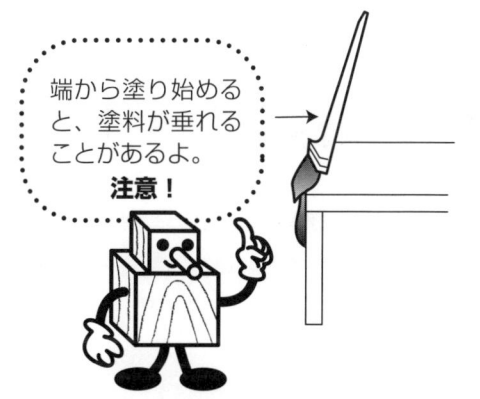

（壁のある場合）

端から塗り始めると、塗料が垂れることがあるよ。
注意！

1-19 素人が簡単に使える－フラッシュ丁番

Ready! 準備しよう
①フラッシュ丁番、②普通丁番、③木ねじ、④三つ目きり、⑤ドライバー

Do! (1)フラッシュ丁番をつけてみよう
① 内側の小さい羽を持つ方が扉側であることの確認をする。
② 外側の大きい羽を持つ方が本体側であることの確認をする。
③ 管と板材の角を合わせ、丁番の位置を決める。
④ ねじ穴の座ぐりを確認する。
⑤ ねじ穴の中心に三つ目きりで下穴をあけ、木ねじで丁番を止める。

Do! (2)普通丁番をつけよう
① 扉側(凸部の数の少ない方)、本体側(凸部の数の多い方)を丁番の凸部の数で確認する。
② 扉側の丁番の位置を決め、管の厚さ分を欠き取る。
③ ねじ穴の中心に下穴をあけて、木ねじで丁番を止める。

Points! 丁番つけの秘訣
① 初心者はフラッシュ丁番を使う。
② 普通丁番では、羽と管のすき間と板材の角が平行になるように、丁番の位置を決める。
③ 扉側の羽、本体側の羽、それぞれ決まりがある。
④ 木ねじは、必ず丁番ねじ穴の座ぐりのある方から締める。

✤家具金具✤
家具には、丁番のみならず、取っ手、錠、止金具、キャスター、ステイ、スライドレール、棚受け金具など、いろいろな家具金具があります。これらの家具金具を使用することにより、各種の機能を持たせることが可能になります。

1-19 素人が簡単に使える－フラッシュ丁番

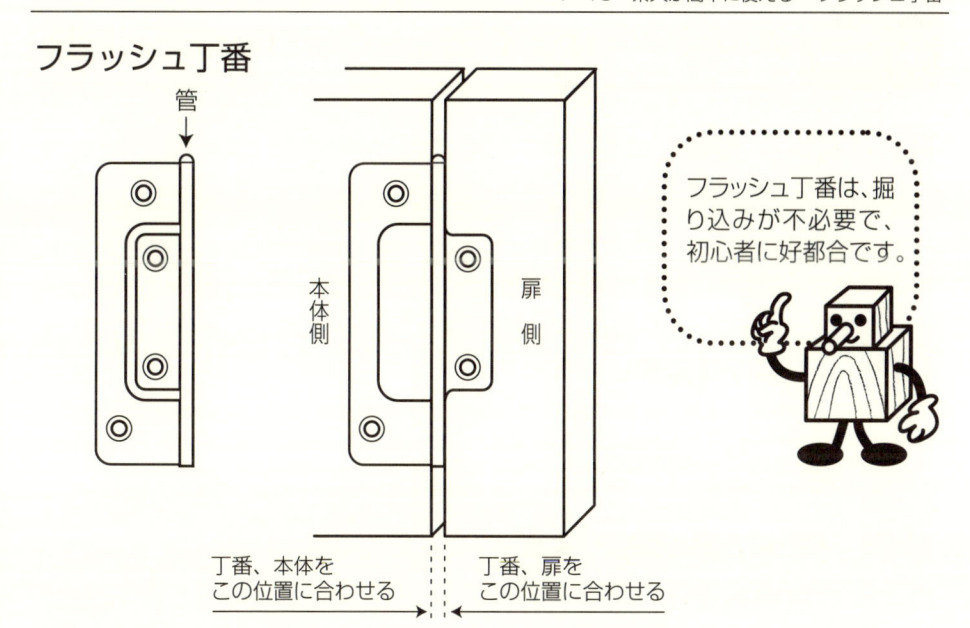

フラッシュ丁番

管
本体側
扉側
丁番、本体をこの位置に合わせる
丁番、扉をこの位置に合わせる

> フラッシュ丁番は、掘り込みが不必要で、初心者に好都合です。

普通丁番

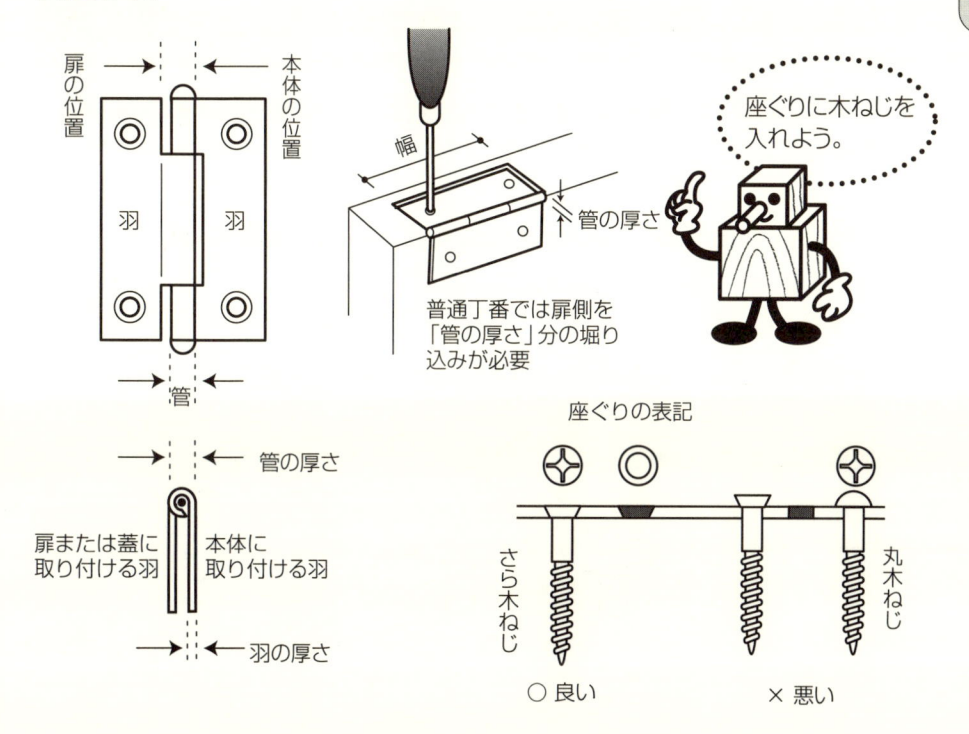

扉の位置
本体の位置
羽
羽
管
幅
管の厚さ
普通丁番では扉側を「管の厚さ」分の掘り込みが必要

> 座ぐりに木ねじを入れよう。

管の厚さ
扉または蓋に取り付ける羽
本体に取り付ける羽
羽の厚さ

座ぐりの表記

さら木ねじ
丸木ねじ

○ 良い　　× 悪い

1-20 木の椅子のリサイクル－ぐらつきは簡単修理

Ready! 準備しよう

①ぐらつく木製椅子、②接着剤（木工ボンド）、③くさび、④げんのう、⑤当て木、⑥だぼ（直径6または9mm）、⑦大入れのみ（幅9mm）、⑧電動ドリル、⑨ツイストドリル（直径6または9mm）、⑩センターピン、⑪はたがね

Do! (1) 椅子を分解しよう

① ぐらつく接合部に当て木をしてげんのうで叩き、接合部を分解する。
② ほぞ接合かだぼ接合かを確認する。

Do! (2) 接合部を補強しよう

① ほぞ穴に大入れのみでくさび代を作る。
② ほぞ穴側面、ほぞ胴付き面、くさびに接着剤（木工ボンド）を付け、くさびとほぞを打ち込む。
③ だぼが折れていれば、新たな場所にそれぞれ新しい穴を電動ドリルであける。
④ だぼの穴の深さはだぼ長の2/3で、それぞれの相対する部材にあける。
⑤ 正確な相対するだぼ穴位置は、センターピンを用いて決める。

Points! 椅子のぐらつき止めはくぎ、木ねじを使わない

① 椅子の脚部材の接合は、ほぞ接合かだぼ接合である。
② くさびをほぞ穴に差し込んで、ぐらつきを止める。
③ ほぞの胴付き面は、接着剤（木工ボンド）で接合しておく。
④ だぼが折れたら、新たなだぼ穴をあける。
⑤ 接着剤をつける組み立てでは、はたがねで圧締して接着する。

センターピン

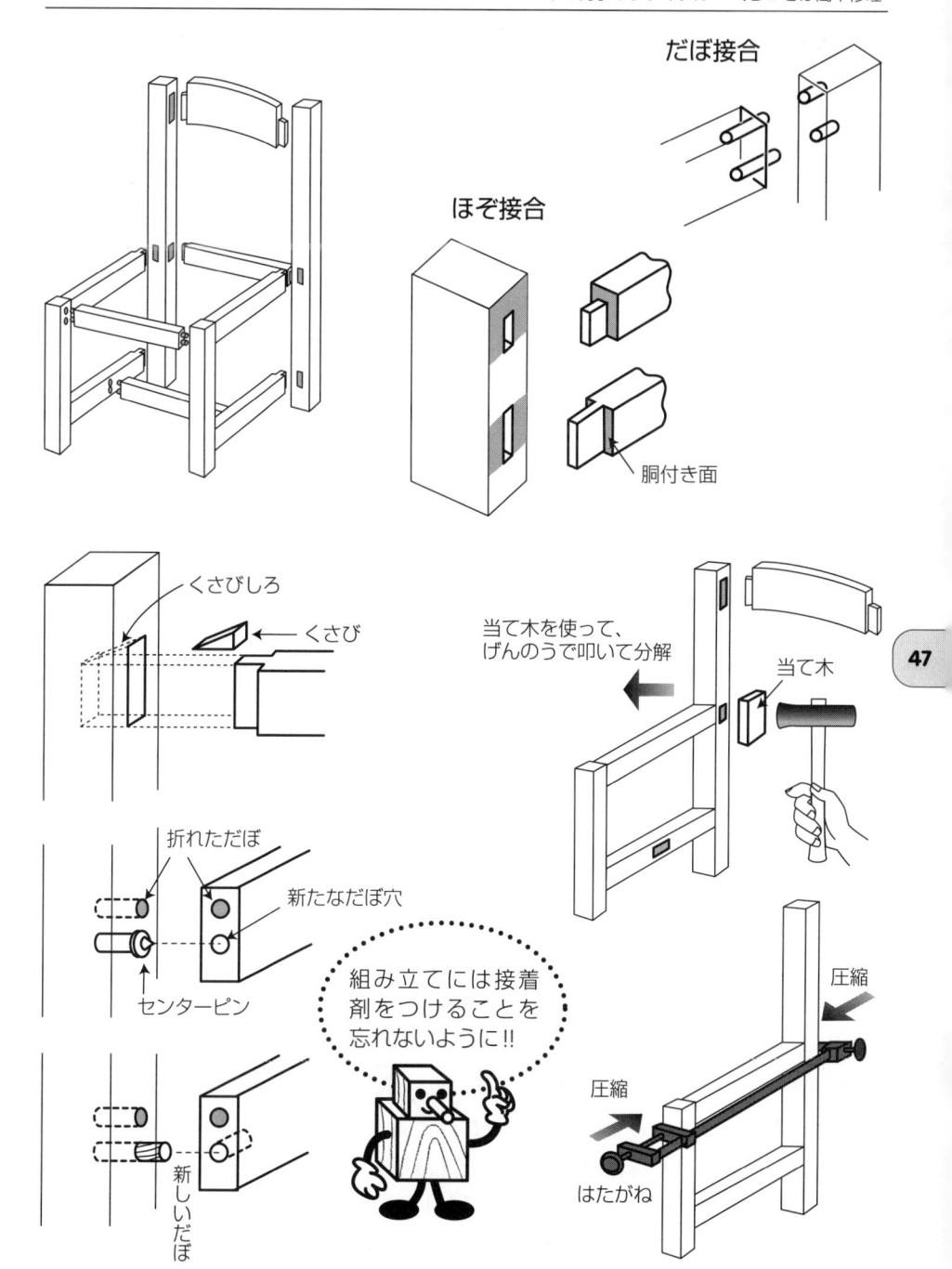

1-20 木の椅子のリサイクル－ぐらつきは簡単修理

だぼ接合

ほぞ接合

胴付き面

くさびしろ
くさび

当て木を使って、げんのうで叩いて分解
当て木

折れただぼ
新たなだぼ穴
センターピン

組み立てには接着剤をつけることを忘れないように!!

新しいだぼ

圧縮
圧縮
はたがね

1-21 幼児・児童ののこぎり・げんのうの技

Ready! 準備しよう
①両刃のこぎり（刃渡り180mm）、②胴付きのこぎり（刃渡り210mm）、③回しびきのこぎり、④できるだけ軽いげんのう、⑤万力、⑥油粘土、⑦鉄丸くぎ（N25）、⑧角材（20×20mm角）、⑨板材（厚さ12×幅15×長さ150mm）

Do! （1）のこぎりで角材と板材を切らせよう
① 片手でのこぎりを持たせて、万力を使用せずにのこぎりびきをさせる。
② のこぎりびきの角度（引き込み角度）、引く・押すの動作に注目させる。
③ つぎに、万力に角材、板材をしっかり固定し、両手で柄を持たせてのこぎりびきをさせる。
④ のこぎりの柄を上から押さえないで、両手で引くだけの力で引かせる。

Do! （2）げんのうで油粘土の上を打った後に、くぎを打ってみよう
① げんのうのどこを持つのか、何も指示しないで、くぎを打たせる。
② 油粘土を厚さ10mmの平板に伸ばした上でげんのうを打たせ、打撃痕を見る。
③ げんのう振り下ろし時のげんのう頭部の鉛直方向への傾きの癖を打撃痕で見る。
④ 両手で柄を持たせ、鉄丸くぎを打たせる。
⑤ 片手で柄を持たせ、短時間にくぎを完全に木材中に打ち込ませる。

Points! 幼児・児童の木工の技の秘訣
① のこぎりびきでは、万力に材料をしっかり固定させる。
② 両手でのこぎりの柄を持たせ、小さな引き込み角度で引かせる。
③ のこぎりびきは、体の正面で行わせる。
④ のこぎりびきでは、柄を強く押さえない。引く力だけで木材を切断する。
⑤ げんのうは、の金属製の頭部を持たせないで柄を持たせる。
⑥ 鉄丸くぎ頭部の高さ位置は、幼児や児童の身長を考えて、腰より下の位置にする。

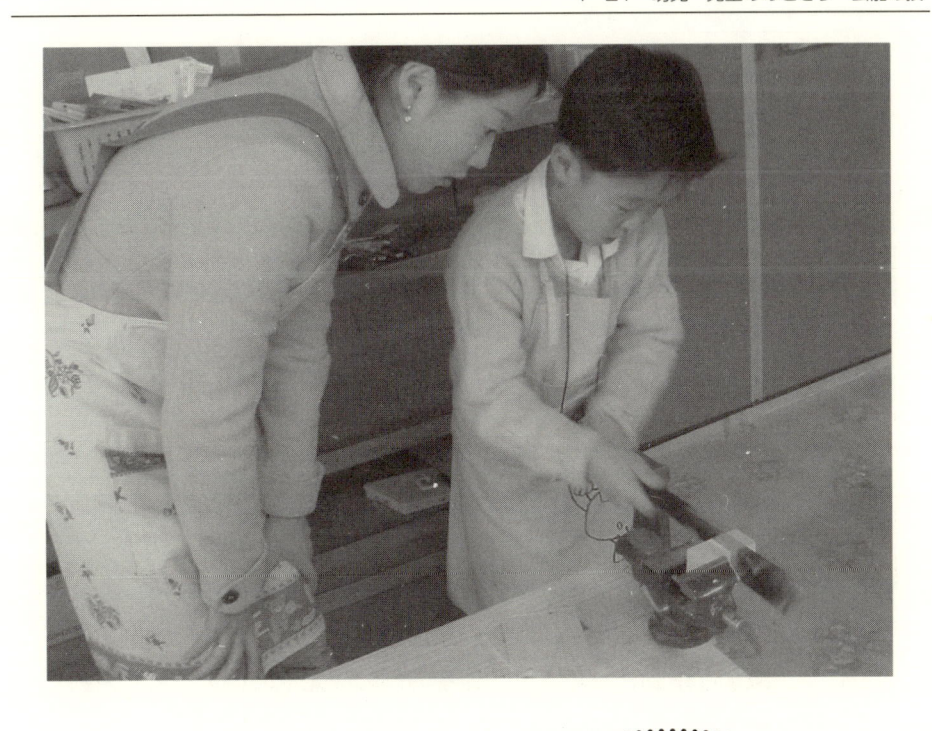

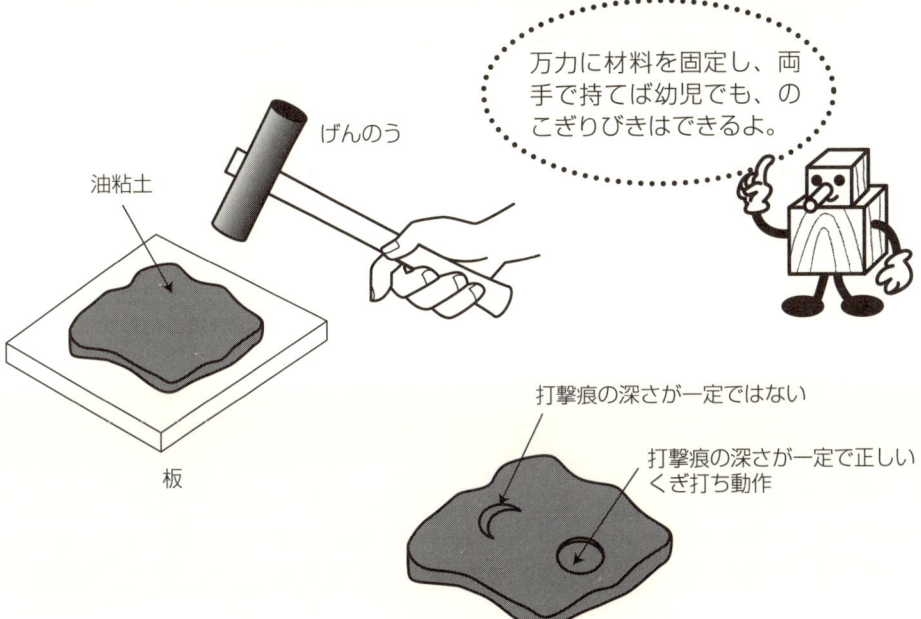

1-21 幼児・児童ののこぎり・玄能の技

万力に材料を固定し、両手で持てば幼児でも、のこぎりびきはできるよ。

油粘土
げんのう
板

打撃痕の深さが一定ではない
打撃痕の深さが一定で正しいくぎ打ち動作

📝 一口メモ

木によるものづくりでは……安全はすべてに優先します!!

　ものづくりの活動では、危険がつきもの、刃物で自分がけがをしないように。また、他の人を傷つけないように注意しなければなりません。

1. 木工具、木工機械は使用説明書の注意書きは必ず読んで、理解してから使用する。
2. できれば木工機械は指導者から指導を受けてから使用する。
3. 木工機械作業では何が危険な作業かを十分知っておく
4. 木工機械を始動させた人は、刃物の回転が完全に止まるまで刃物から目を離してはいけない。また、他の人を近づけてはいけない。
5. 使用する刃物はよく研磨して、切れ味を良くしておく。
6. 服装などは適切であるか？
　　袖口(そでぐち)や裾(すそ)は閉じているか。マフラーをしていないか。髪は長くないか。めがねをひもで首からぶら下げてないか。手袋をしていないか。

第2章

木材の特徴と性質をよく知ろう

ノギスによる寸法測定と電子天秤（てんびん）による重量測定

　ものづくり上達の秘訣は、作業に適した道具を準備し、その扱い方を熟知することです。しかし、いまひとつ忘れてはならない重要な項目があります。それは、材料すなわち木材が持つ諸性質の熟知することです。たとえば、研磨された刃と調整されたかんなで木材を削っても、目的とする美しい表面が得られないことを時々経験します。また、寸法取りを慎重にしても、数日たつと、設定寸法通りになってない場合があります。なぜこのようなことが起こるのか。これは、木材の性質を知らないことに原因します。木材は生物材料であるため、様々な性質を持っています。本章では、木材の基本的な性質を実験により知り、その性質がどのように実用されているかを解説します。

2-1 バウムクーヘンから学ぶ－木の顔と表情

Ready! 準備しよう
①間伐材の丸太(直径100mm、長さ150mm)、②なた、③両刃のこぎり、④かんな、⑤バウムクーヘン(直径150mm以上)

Do! (1)間伐材の丸太を切ってみよう
① 横断面(木口面)、接線断面(板目面)、放射断面(柾目面)に切る。
③ 「目切れ」材を斜めに切る。

Do! (2)丸太をなたで割ってみよう
① 丸太とバウムクーヘンの年輪界、年輪移行部の違いを確認する。
② 節の形を接線断面、放射断面で確認する。
③ 節の形状によって、元口(地)と末口(天)を見分ける。

Points! 木取りを立体的に理解しよう
① 洋菓子のバウムクーヘンは、木材を立体的に理解できる最高の教材。
② 柾目板から追柾を経て板目板への材面の連続的な移行を理解する。
③ 木口面、板目面、柾目面からそれぞれの木目の連続性を理解する。

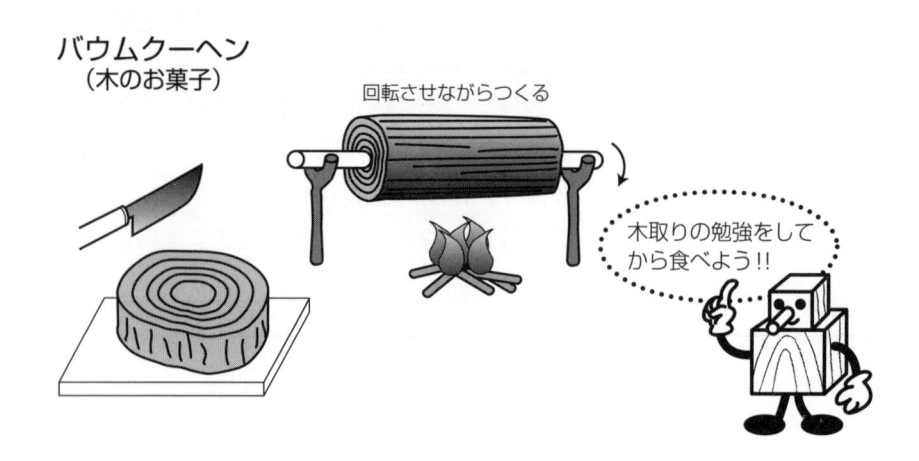

バウムクーヘン
(木のお菓子)

回転させながらつくる

木取りの勉強をしてから食べよう!!

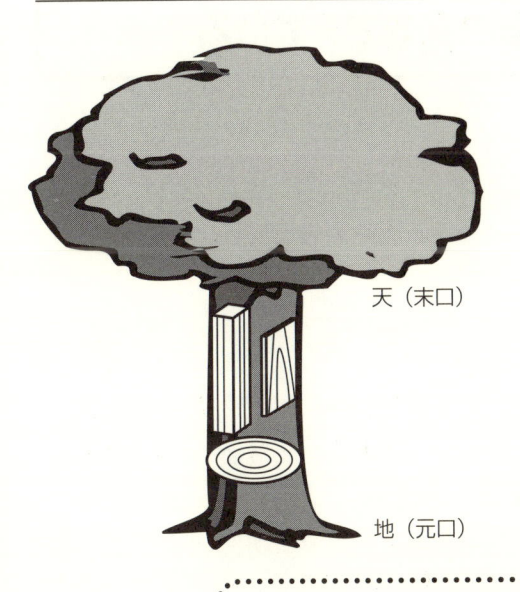

2-1 バウムクーヘンから学ぶ―木の顔と表情

天（末口）

地（元口）

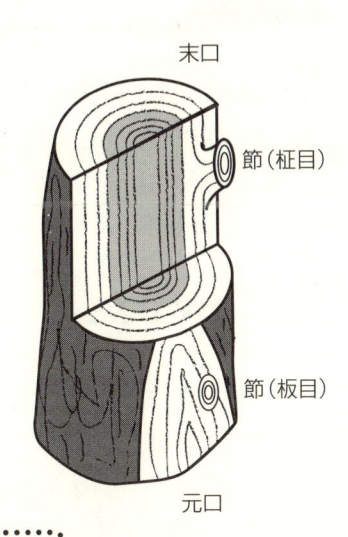

末口

節（柾目）

節（板目）

元口

> 樹心の周りの赤味部分を心材、その外側の白身部分を辺材、また一年輪内で色が濃い部分を晩材、色が薄い部分を早材というよ。

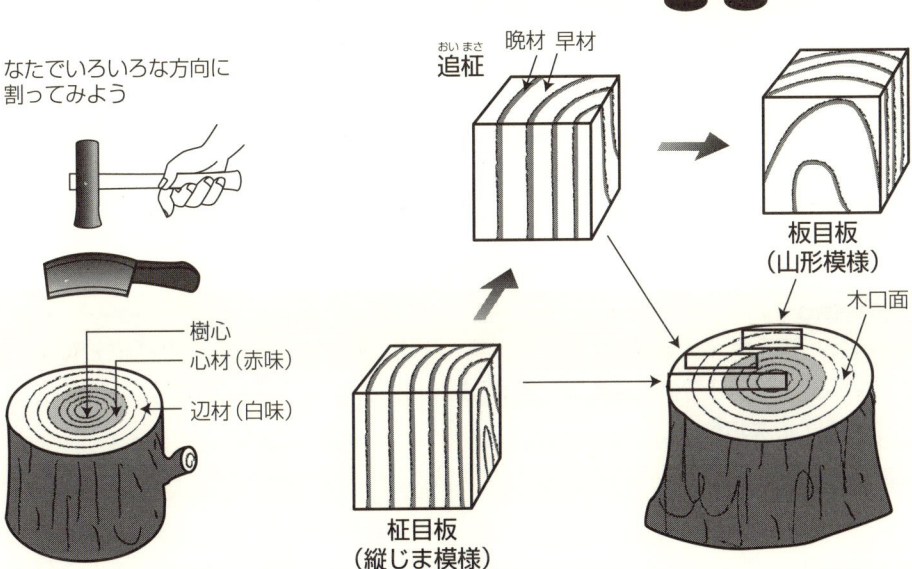

なたでいろいろな方向に割ってみよう

樹心
心材（赤味）
辺材（白味）

晩材　早材
追柾

柾目板
（縦じま模様）

板目板
（山形模様）

木口面

2-2 木材は細胞の孔でできている？

Ready! 準備しよう
①アカマツ板材、②ケヤキ板材、③ホオノキ板材、④シラカシ板材、⑤かんな、⑥両刃のこぎり、⑦水または沸とう水、⑧片刃カミソリ、⑨ルーペ(10×)

Do! 観察しよう
① アカマツ、ケヤキ、ホオノキ、シラカシの各木材の表面をかんな削りし、木口面(年輪が見える面)が5～10mmの正方形断面になるように両刃のこぎりで切断して、各試験体を作る。
② それぞれの試験体を水または沸とう水中に入れて軟らかくし、片刃カミソリで木口面を数回削って、きれいな観察面を作製する。
③ ルーペ(10×)で各樹種の木口の観察面を観察する。

Points! 次のことに注目しよう
① アカマツ(針葉樹材)では、淡色部(早材)と濃色部(晩材)が繰り返す縞模様(年輪)。淡色部から濃色部へ移るあたりから濃色部にかけて点々と見える小さな穴(樹脂道)。放射方向の線状の筋(放射組織)。
② ケヤキ(環孔材)では、年輪の内側にある環状の大きな孔(道管)とその外側の小さな孔および放射方向の細い帯(放射組織)。
③ ホオノキ(散孔材)では、ほぼ同じ大きさの孔の均等分布。
④ シラカシ(放射孔材)では、放射状に分布している孔と幅の広い放射組織。

Memo
アカマツの年輪の濃淡は、細胞(仮道管)の壁が厚い(晩材)、薄い(早材)ことによる。仮道管は、水分の通導機能と樹体の支持機能を担っている。道管は、水分の通導機能のみを担う。

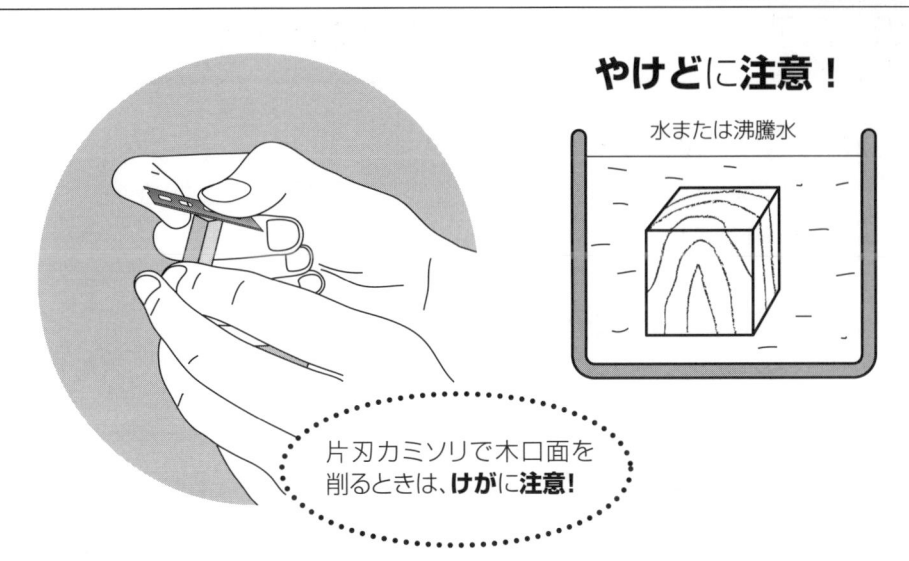

2-2 木材は細胞の孔でできている？

やけどに注意！

水または沸騰水

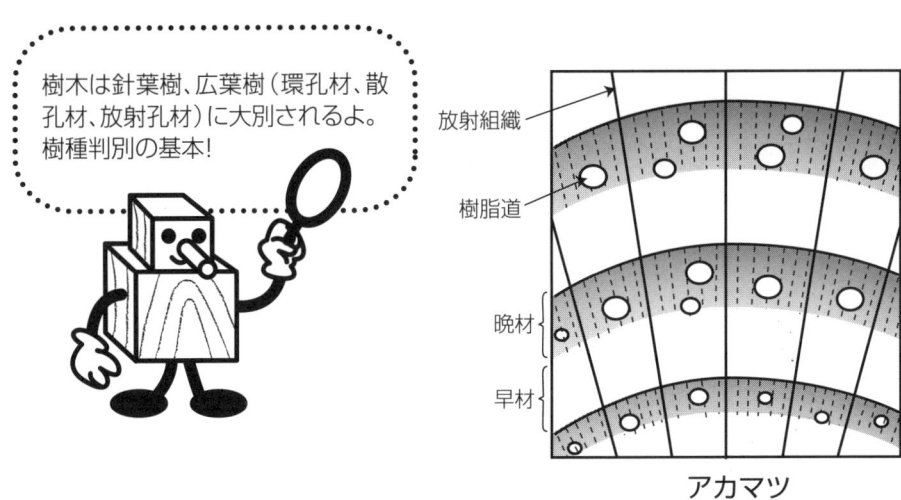

片刃カミソリで木口面を削るときは、**けがに注意!**

樹木は針葉樹、広葉樹（環孔材、散孔材、放射孔材）に大別されるよ。樹種判別の基本！

放射組織
樹脂道
晩材
早材

アカマツ

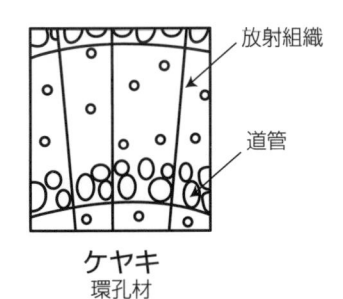

放射組織
道管

ケヤキ
環孔材

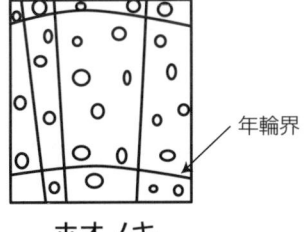

年輪界

ホオノキ
散孔材

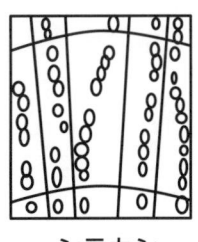

シラカシ
放射孔材

2-3　木材に空気を通そう

Ready!　準備しよう
①ミズナラ板材（辺材部）、②両刃のこぎり、③カッター、④コップ、⑤水、⑥ルーペ（10×）

Do!　木材に空気を通そう
① 厚さ約20mm、長さ約200mmのミズナラ板材（辺材部）を、繊維方向が長さ方向になるように両刃のこぎりで切断し、断面が20×20mm程度の角棒の試験体を作る。
② 試験体の両端の木口面を両刃のこぎりで切断した後、木口面をカッターナイフで削って、道管がルーペ（10×）で容易に観察できるようにする。
③ 試験体の木口面の一端を水で満たしたコップに入れ、他端を口にくわえて試験体に空気を吹き込み、水中に空気の泡が立つのを観察する。

Points!　次のことに注目しよう
① 角棒の試験体を作るときは、試験体の長さ方向と繊維方向が平行になる辺材部（淡色部）の板材を選ぶこと。決して心材部（樹心に近い濃色部）を選ばない。

Memo
広葉樹材の道管は、水道管のように樹木の根元から梢（こずえ）まで貫通しており、水分を運ぶ役目をしている。空気を通すのは、乾燥した広葉樹材の道管の中が空洞になっているためである。

Topics
工芸品である染色木材は、立木状態で染料水溶液を注入し、道管や組織に吸い上げさせて作ります。

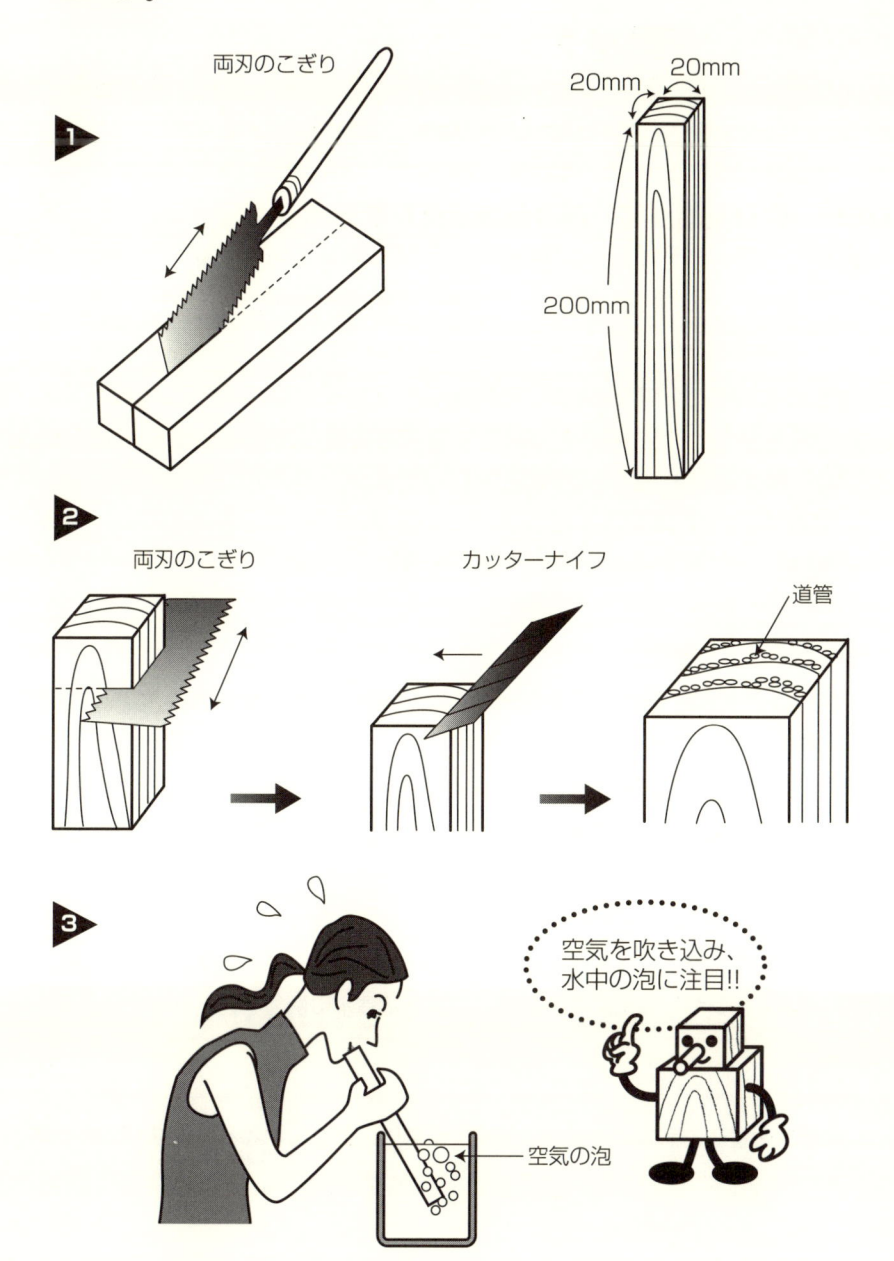

2-3 木材に空気を通そう

Do!

1

両刃のこぎり

20mm　20mm
200mm

2

両刃のこぎり　　カッターナイフ　　道管

3

空気を吹き込み、水中の泡に注目!!

空気の泡

2-4 木材中の水を感じよう

Ready! 準備しよう
①伐採直後（生材）のスギ板材、②気乾状態のスギ板材、③両刃のこぎり、④かんな、⑤はかり（調理用計量器）、⑥定規、⑦電子レンジ

Do! 生材を削って、削り具合と反りをみよう
① 両刃のこぎりで生材と気乾状態のスギ板材を、幅50mm、長さ300mmに切断し、木表面、木裏面、両側面の計4面をかんな削りして平滑に仕上げ、試験体を作る。試験体の厚さは10mm。
② 生材と気乾材の両試験体のかんな削りをして、削り具合を比較する。
③ かんな削りした生材と気乾材を大気中に放置し、反りと重さの変化を調べる。反りは定規で、重さははかりで測る。
④ 気乾材の試験体を電子レンジに入る長さに切断し、重さを測る。その後、電子レンジで十分乾燥させて重さを測る。

Points! 研究
生材は自由水を含む。生材を大気中に放置すると、まず自由水を、次いで結合水を放出し、重量一定の気乾状態となる。電子レンジを利用すると、結合水を全く含まない全乾状態となる。生材は軟らかく強度が低いので、容易に削ることができる。また、乾燥するに伴って木表側に反り、反りは大きくなる。

Memo
ぬれたタオルを絞ったとき、ポタポタ落ちる水が自由水で、絞った後のタオルを顔に当て、ヒンヤリした冷たさを感じる水を結合水に例えることができる。

Topics
乾燥材を木造住宅の梁や柱材に使用するのは、反りによる狂いを防ぐためです。

2-4 木材中の水を感じよう

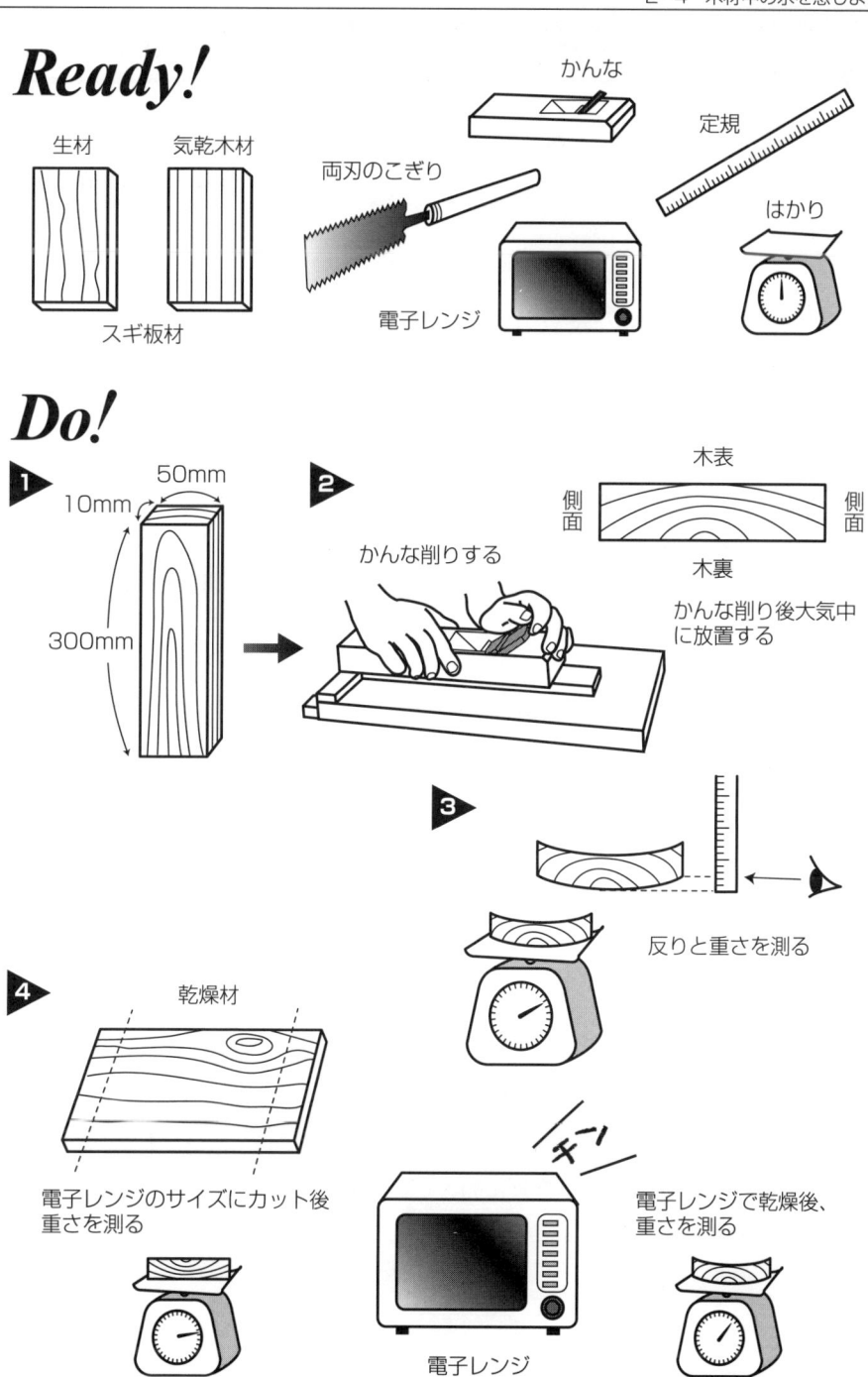

Ready!

生材　気乾木材
スギ板材

両刃のこぎり
かんな
電子レンジ
定規
はかり

Do!

1 50mm / 10mm / 300mm

2 かんな削りする

木表
側面　　側面
木裏

かんな削り後大気中に放置する

3 反りと重さを測る

4 乾燥材

電子レンジのサイズにカット後重さを測る

電子レンジ

チーン

電子レンジで乾燥後、重さを測る

2-5　木材は水で膨らむの、縮むの？

Ready!　準備しよう
①スギ板材（二方柾材）、②両刃のこぎり、③ノギス、④はかり（調理用計量機）、⑤コップ、⑥水

Do!　測定しよう
① 二方柾のスギ板材を両刃のこぎりで切断し、幅（R：半径方向）20mm、長さ（T：接線方向）20mm、厚さ（L：繊維方向）5mmの試験体を作る。
② 試験体を風通しのよい所で十分に乾燥させる（一昼夜以上）。
③ 乾燥後、試験体の接線、半径、繊維の3方向の寸法をノギスで測定し、さらに、試験体の重さをはかりで測る。
④ 試験体をコップの水に沈め、1、3、5時間および一昼夜経過後、③と同様に試験体の3方向の寸法と重さを測る。

Points!　膨らみ方の違いを知る
① 3方向の寸法、重さと測定時間の関係をグラフに図示する。
② 3方向のうち寸法の変化割合が最も大きい方向を調べる。
③ 重量変化と寸法変化の関係を調べる。

Memo
　木材は、水となじみやすい性質を有しており、水にぬれやすく、水を吸収しやすい。繊維方向、半径方向、接線方向に膨らむ割合は、およそ1：5：10である。

Topics
　ふすま、障子、引き出しが梅雨時に開きにくくなるのは、木材が大気中の水分を吸収して膨張するためです。冬期に開きやすくなるのは、木材中の水分を大気中に放出して収縮するためです。

2-5 木材は水で膨らむの、縮むの？

1

- 森林の樹木 →（伐採）→ 丸太 →（裁断）→ 二方柾材
- 丸太：半径方向（R）、接線方向（T）、繊維方向（L）
- 二方柾材：R（20mm）、T（20mm）、L（5mm）

Do!

2 試験体の自然乾燥

一昼夜放置しよう。

3 乾燥状態の寸法、重量を測定

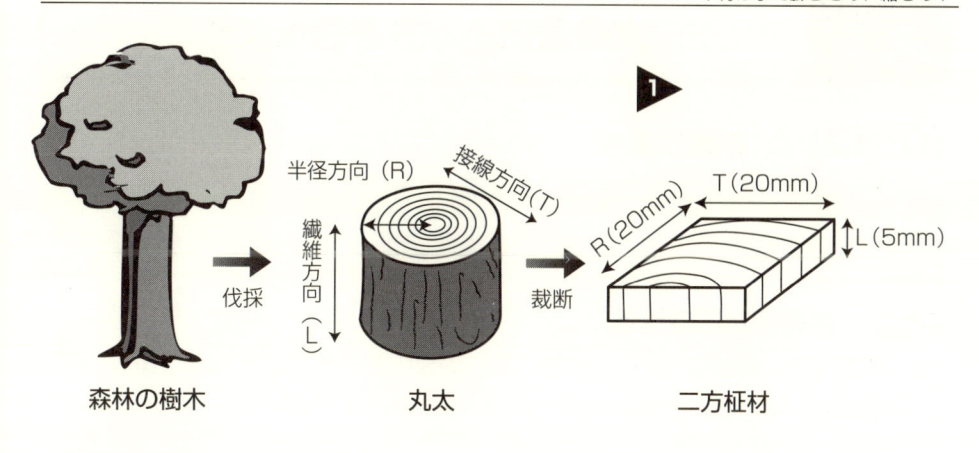

4 試験体を水に浸漬

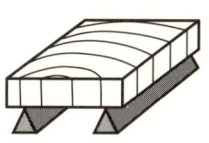

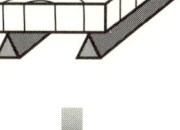

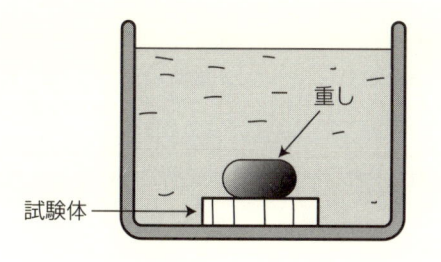

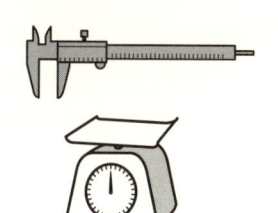

重し / 試験体

取り出して、濡れた状態の寸法、重量を測定し、繊維、半径、接線方向の順で膨らみが大きくなることを確認しよう。

2-6 水の吸い上げ方を調べよう

Ready! 準備しよう
①スギ角材、②両刃のこぎり、③水槽（たらいなど）、④水、⑤赤インク、⑥定規

Do! 木材を水につける
① 断面が45×45mmのスギ角材を、両刃のこぎりで長さ45mmに正確に切断し、試験体を3個作る。
② 水槽に水を深さ10～20mm入れ、赤インクを適量溶かし、着色水を作る。
③ 試験体の柾目、板目および木口面を下にして、着色水に浸ける。
④ 30分後に3個の試験体を着色水から取り出し、その外側の着色部のうち最も高い着色高さを定規で測る。さらに、試験体のどの部分にどのように着色しているかを観察する。
⑤ 再び試験体を着色水に浸け、1時間ごとに④の測定を繰り返す。
⑥ 一晩経過後、試験体の着色状態を観察する。
⑦ 測定した時間ごとの結果をグラフに描く。

Memo
　仮道管や木材の表面の繊維の間を、水がストローで吸い上げられるように上がっていく様子で、水の吸い上げ方がわかる。
　板目や柾目を下にして浸けても水はほとんど上がらないが、木口面を下にすると、水は仮道管を通って上方へ移動するため、水の通った所が着色される。晩材部では早材部ほど水が上がらないのは、仮道管を形成する細胞径が小さいためである。心材では水が辺材ほど上がらないのは、仮道管内に物質が埋まったり、仮道管を形成する細胞の壁孔（へきこう）が閉じているためである。

Topics
　木造住宅の土台となる防腐処理木材は、木材を防腐処理薬品の中に浸けて作ります。

2-6 水の吸い上げ方を調べよう

Do!

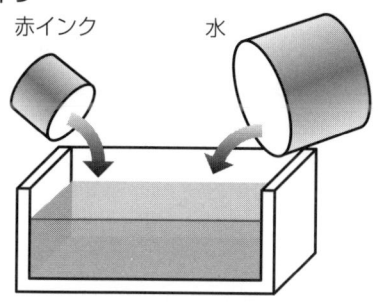

▶1 着色水作り

赤インク　水

① 水槽に水を入れる
② 赤インクを適量入れる
③ かき混ぜてよく溶かす

▶2 木片

① 同じ条件にするため、1つの木片を3つに切る。
② 柾目面、板目面および木口面を下にして色水に浸ける。

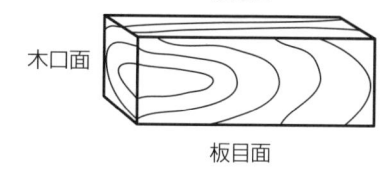

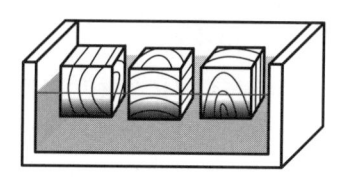

柾目面
木口面
板目面

▶3 測定

① 30分後に取り出し、着色部分の一番高いところを測る。
　着色の程度は、浸ける面、早晩材、辺心材で異なるかな？
② 再び水に浸け、一定時間経過後に測定を繰り返す。

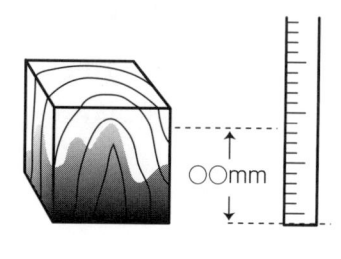

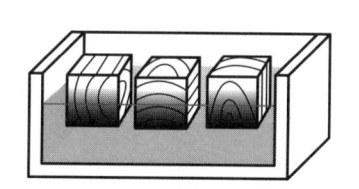

○○mm

グラフを描いてみよう

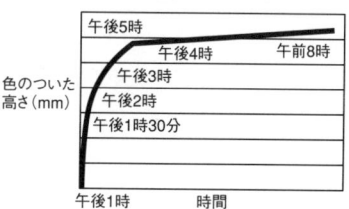

色のついた高さ(mm)

午後5時
午後4時　　　午前8時
午後3時
午後2時
午後1時30分

午後1時　　時間

水の吸い上げ方と時間の関係

2-7 木材を沈められるかな？

Ready! 準備しよう
①キリ角材、②アカマツ角材、③シラカシ角材、④両刃のこぎり、⑤ノギス、⑥はかり（調理用計量器）、⑦水槽（洗面器など）、⑧水、⑨定規、⑩木ねじ、⑪ドライバー

Do! 木材を沈めよう
① 3樹種の角材を両刃のこぎりで切断し、直方体の試験体を作る。
② 試験体の幅、厚さ、長さをノギスで、重さをはかりで測る。
③ 水を張った水槽に試験体を静かに浮かべる。
④ 水槽から試験体を取り出し、水に浸かった部分の深さを定規で測る。
⑤ 重さを測った木ねじを、試験体の上面が水面ぎりぎりに沈むまで、1本ずつ試験体へドライバーでねじ込む。
⑥ このときの試験体に加えた木ねじの重さを、ねじ込んだ木ねじの本数と木ねじの1本の重さの積から求める。
⑦ 試験体に加えた木ねじの重さの値と、この値を加えた試験体の重さを、樹種ごとに比較する。

Points! 浮き沈みを数値化しよう
① 試験体の密度（単位体積あたりの重さ、g/cm^3）を計算する。
② 試験体の厚さに対する水に浸かった部分の深さの割合を計算する。
③ ①で求めた密度と②で求めた値との関係をグラフに図示し、3樹種で比較する。

Memo
木材が水に浮くのは、水よりも密度が小さいためであり、これは木材が多くの隙間（すき ま）を持つ多孔質材料であることに起因する。しかし、コクタンのように、水よりも密度が大きく、沈む木材もある。

2-7 木材を沈められるかな？

Ready!

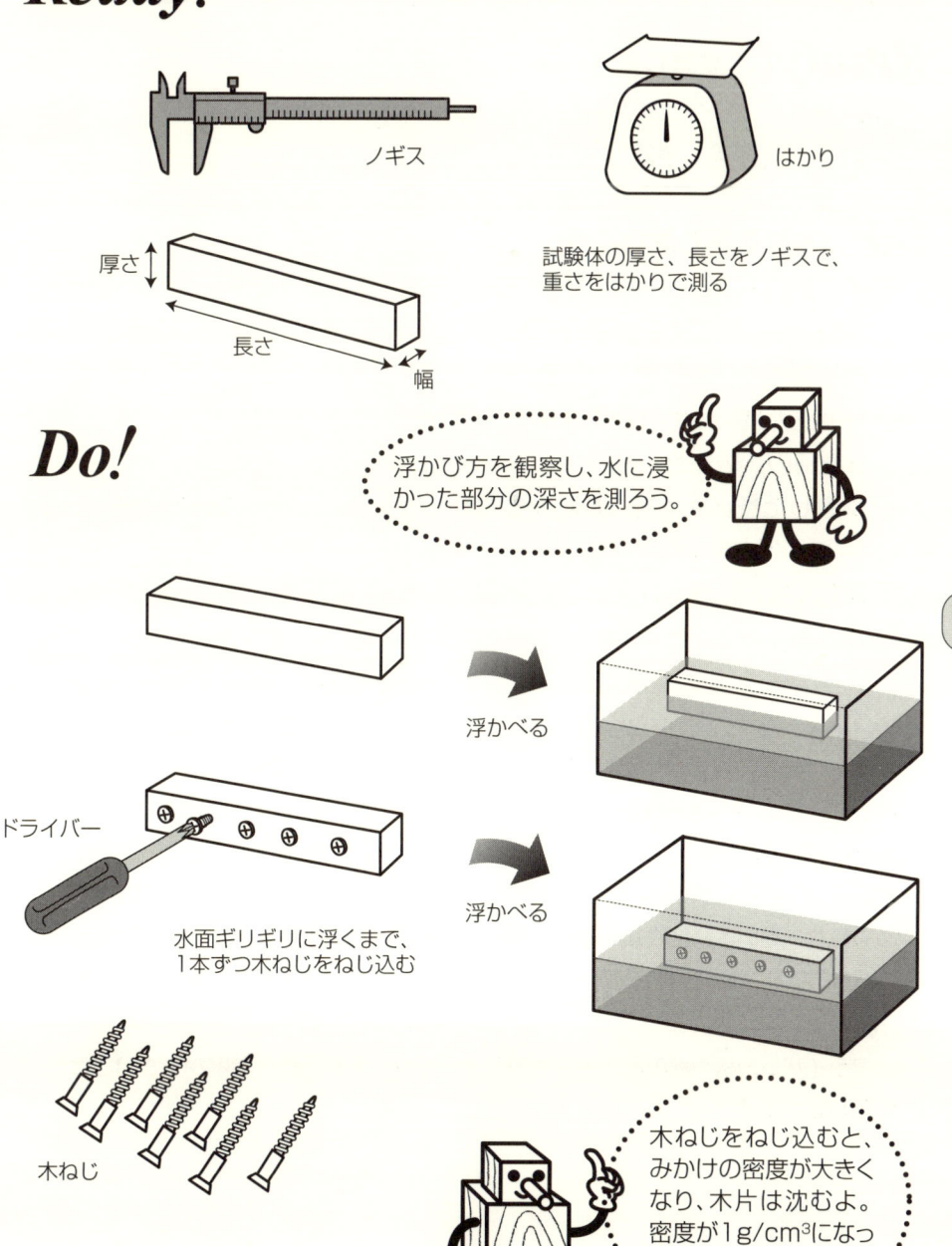

ノギス

はかり

厚さ
長さ
幅

試験体の厚さ、長さをノギスで、重さをはかりで測る

Do!

浮かび方を観察し、水に浸かった部分の深さを測ろう。

浮かべる

ドライバー

水面ギリギリに浮くまで、1本ずつ木ねじをねじ込む

浮かべる

木ねじ

木ねじをねじ込むと、みかけの密度が大きくなり、木片は沈むよ。密度が1g/cm³になった時、水中に漂うよ。

2-8　触って木材の重さを当てよう

Ready! 準備しよう
①キリ板材、②アカマツ板材、③シラカシ板材、④かんな、⑤両刃のこぎり、⑥はかり（調理用計量器）、⑦冷蔵庫、⑧手ぬぐい

Do! 木材を手で触れよう
① 厚さが約10～30mmのキリ、アカマツ、シラカシの各板材の表面をかんな削りし、両刃のこぎりで手の平にのる程度の同じ大きさに切断して、各樹種ごとに試験体を1枚作る。
② 3樹種の試験体の重さをはかりで測る。
③ 3樹種の試験体を冷蔵庫に1時間以上保管する。
④ 保管した各試験体を冷蔵庫から同時に取り出し、手ぬぐいで目隠しして、手の平で試験体表面の温冷感を比べる。
⑤ 冷たく感じた順（または、温かく感じた順）と試験体の重さの順（軽い順）を比べる。

Memo
触った材料の温度が体温（この場合、手の平）に比べ低い場合は、冷たく感じる。触った瞬間は、材料の温度が低いほど冷たく感じるが、触ったまましばらくすると、触った材料の熱伝導率によって差が出る。すなわち、熱伝導率の大きい方が小さい材料に比べ冷たく感じる。熱伝導率の大小は、木材の場合、密度とほぼ直線関係にあるため、重い木材は冷たく感じ、軽い木材は温かく感じる。

Topics
フライパンの柄や鍋の取っ手が木製であるのは、木材の熱伝導率が小さいことを利用しています。

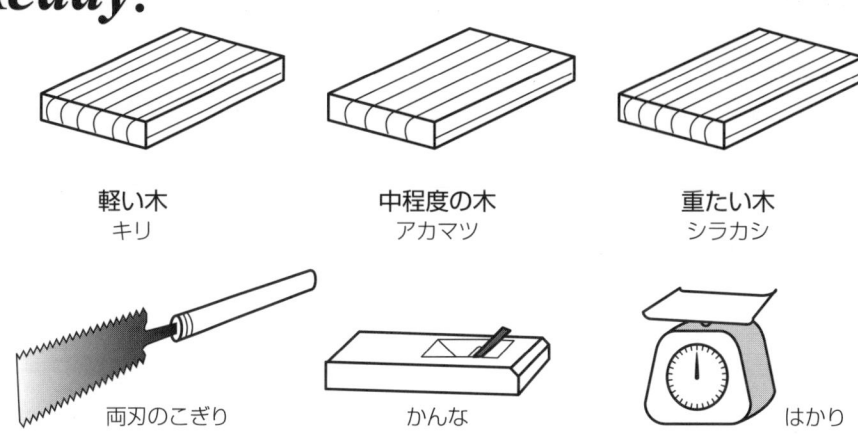

2-8 触って木材の重さを当てよう

Ready!

軽い木
キリ

中程度の木
アカマツ

重たい木
シラカシ

両刃のこぎり

かんな

はかり

Do!

冷蔵庫で1時間程度冷やす。

目隠し

温？
冷？

温かさと
重さの関係は？

2-9　触り心地を楽しもう

Ready!　準備しよう
①スギ板材、②アカマツ板材、③研磨紙(#80、#800)、④冷蔵庫、⑤手ぬぐい

Do!　触り心地を味わおう
① 同じ寸法の板目木取りのスギ試験体3枚とアカマツ試験体1枚を作る。
② スギ試験体2枚とアカマツ試験体1枚を#80の研磨紙で磨き、残りのスギ試験体1枚を#800の研磨紙で磨く。この時、磨く回数を同じにする。
③ #80の研磨紙で磨いたスギ試験体1枚を冷蔵庫で1日保管する。
④ ②および③の条件で研磨した計4枚の試験体の表面を、手ぬぐいで目隠しして指先で触り、表面の触り心地を比較する。

Points!　触り心地を比べよう
① 滑らかな研磨紙(#800)で磨いた材面の方が、触り心地はよいか。
② 冷えた材面の触り心地は、常温の場合よりもよいか。
③ アカマツの触り心地は、スギよりもよいか。
④ キリ、ブナとも比較しよう。

Memo

木材の表面を指先で触った場合、粗滑感(そかつかん)、温冷感および硬軟感により触り心地が違う。研磨紙で磨いたスギ板の表面は、滑らかな研磨紙で磨いた方が触り心地がよい。冷蔵庫に1日保管したスギ板と比較すると、常温の板材の方が指先の温冷感から触り心地がよい。スギ板とアカマツ板を比較すると、アカマツ板の方が表面がザラザラして触り心地が悪い。これは木材の触り心地が、指先の粗滑感や温冷感によるだけでなく、木材の硬軟感が触り心地に影響することに一因する。乾湿感も触り心地に関係し、湿っていると粗く感じる。

2-9 触り心地を楽しもう

Do!

1

アカマツ　スギ　スギ　スギ

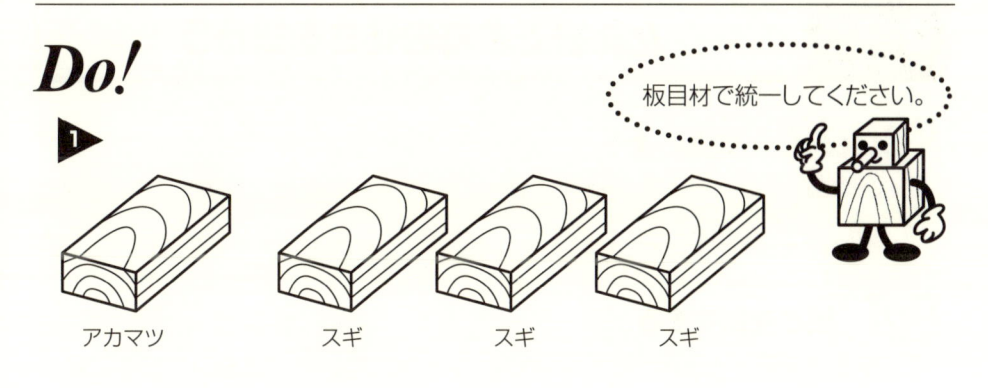

板目材で統一してください。

2

板材

研磨紙
#80、#800

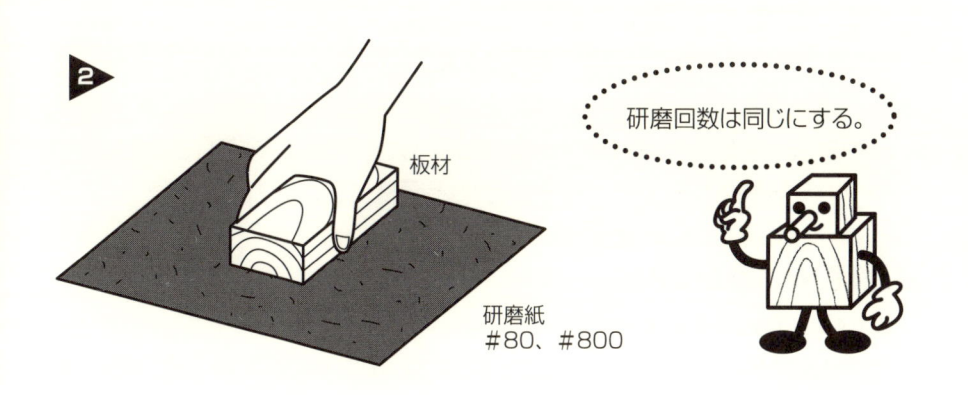

研磨回数は同じにする。

3

4

手ぬぐいで目隠しするんだよ。

指先でなでて
触り心地を調べる

2-10 たたいて木材の硬さを知ろう

Ready! 準備しよう

①スギ角材、②シラカシ角材、③両刃のこぎり、④鉛球(直径5〜8mm程度の球状の釣り具用おもり)、⑤セロハンテープ、⑥げんのう(かなづち)

Do! 硬さを比較する

① 断面が40×40mmのスギ角材とシラカシ角材を、両刃のこぎりで長さ40mmに切断し、切断面(木口面)を平面に修正して、試験体を作る。
② スギ試験体の板目面および柾目面の中央に、鉛球をセロハンテープで固定し、鉛球を上部からげんのうで打ち込む。
③ スギ試験体木口面に対して、②の手順で鉛球を打ち込む。
④ スギ試験体木口面の晩材と早材に対しても、同様に鉛球を打ち込む。
⑤ シラカシ試験体に対して、②および③と同様に鉛球を打ち込む。

Points! 注目しよう

① げんのうで鉛球を同じ強さで打ち込む。
② スギ試験体の板目面と柾目面では、鉛球は材中に押し込まれ、木口面では、鉛球は押し潰されたか。シラカシ試験体の3断面では?

Memo

木材の硬さは、繊維方向に平行な板目や柾目面で小さく、繊維方向に直角な木口面では大きい。また、細胞壁の厚い晩材は、薄い早材よりも硬い。シラカシでは板目、柾目および木口の3面とも、スギ程深く押し込まれず、鉛球がつぶれてしまう。これは、細胞壁の厚さが異なることに原因する。

Topics

木れんがの表面に木口面を利用するのは、木口面が3断面中最も硬いためです。

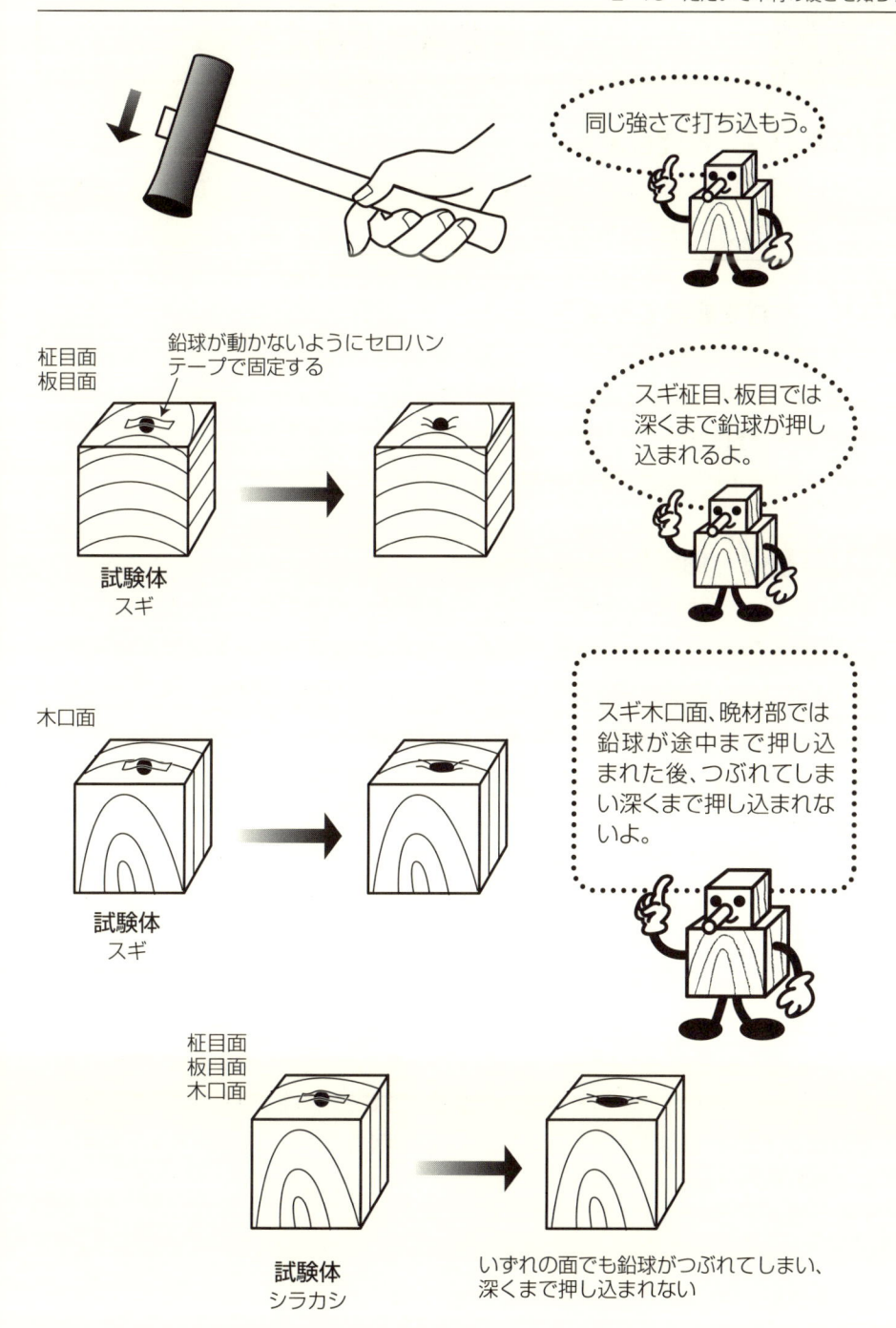

2-10 たたいて木材の硬さを知ろう

同じ強さで打ち込もう。

鉛球が動かないようにセロハンテープで固定する

柾目面
板目面

試験体
スギ

スギ柾目、板目では深くまで鉛球が押し込まれるよ。

木口面

試験体
スギ

スギ木口面、晩材部では鉛球が途中まで押し込まれた後、つぶれてしまい深くまで押し込まれないよ。

柾目面
板目面
木口面

試験体
シラカシ

いずれの面でも鉛球がつぶれてしまい、深くまで押し込まれない

2-11　木材を曲げてみよう

Ready!　準備しよう
①木材(板材)、②簡易曲げ試験機、③L字型金物(2枚)、④ダンベル、⑤麻ひも、⑥ノギス、⑦補助材(薄板)

Do!　木材を曲げてみよう
① 木材表面の繊維方向に対して、方向の異なる3種類(平行方向、45°方向、直角方向)の試験体(幅10×厚さ10×長さ300mm)を作る。
② 簡易曲げ試験機に、作製した試験体をセットする。試験体の中央にダンベルをぶら下げて、試験体中央のたわみ量をノギスで測定する。

Points!　曲げたわみ量の測定
① 試験体にL字型金物がめり込まないように、両者の間に補助材をはさむ。
② 試験体にダンベルをぶら下げる前(負荷前)の状態を、ノギスでまず測定しておく(a)。試験体にダンベルをぶら下げた(負荷後)状態を、再びノギスで測定する(b)。曲げたわみ量は、b−aとなる。

Memo
　木材の種類や木材が含む水分量によって曲げたわみ量の結果は異なるが、例えば6kgfのダンベルをラワン材にぶら下げた場合、1例では繊維方向に対して平行方向:0.10mm、45°方向:0.78mm、直角方向:1.6mm、であった。

Topics
　日常生活でも"曲げ"という現象は起こっています。例えば、玄関や風呂場によく置かれている"すのこ"に乗ると、曲がります。"すのこ"が曲がり過ぎて折れては困るので、"すのこ"には曲げたわみ量の少ない、繊維方向に対して平行方向の木材が多く使われています。このように、身近な所で一工夫がなされています。

2-11 木材を曲げてみよう

材料の取り方

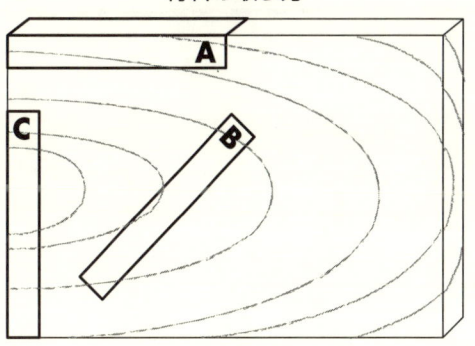

まずは木材を用意してね。合板でもOKだよ。左の"材料の取り方"に習って、木目に沿った方向（A）、45°の方向（B）、直角な方向（C）、の3種類の試験体（10×10×300mm）を、のこぎりで切りだそう!!
十分に注意してよ!!

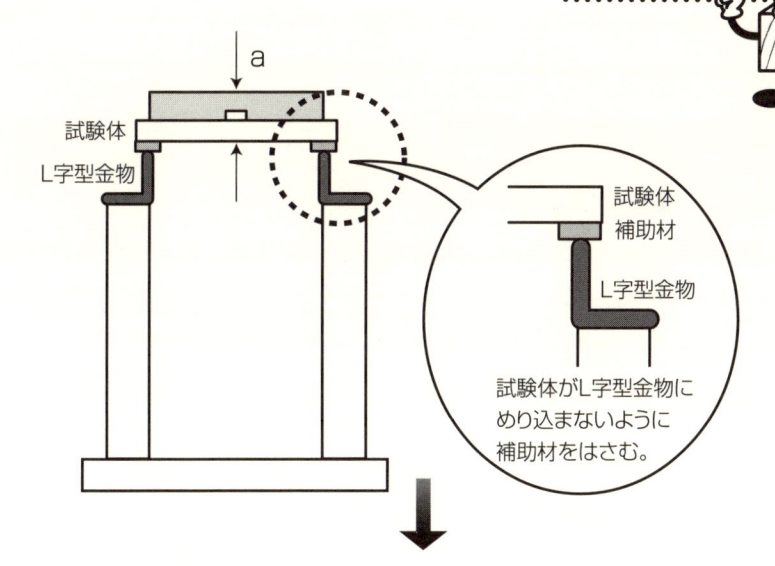

a

試験体
L字型金物

試験体
補助材
L字型金物

試験体がL字型金物にめり込まないように補助材をはさむ。

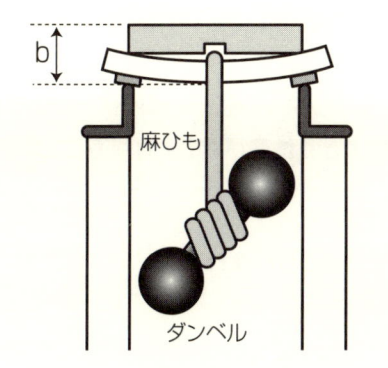

b

麻ひも

ダンベル

ダンベルをぶら下げる前のaと後のbをノギスで測定し、曲げたわみ量（b-a）をA、B、Cの各試験体について求めてみよう。

2-12　木を鳴らそう

Ready!　準備しよう

①音板用木片（様々な樹種の直方体）、②打撃用木材（ドラム用スティックやシロフォン用マレットなど。硬い木材から作製してもよい）、③糸（丈夫なもの）、④衣類用ハンガー、⑤電動ドリル、⑥ツイストドリル（またはキリ）、⑦彫刻刀

Do!　木を叩いて音を出そう

① 音板用木片の一端にツイストドリルで穴をあける。
② 穴に糸を通し、音板用木片をハンガーから吊り下げる。
③ 音板用木片を打撃用木材で叩き、音を発生させる。
④ 樹種の違いによる音の違いを比較し、その密度との関係を調べる。

Points!　音を変えよう

① 同じ樹種で長さが1：2の音板用木片の音を比較する。この他にも長さの異なる木片を用いて、音を比較する。
② 音板用木片に彫刻刀で溝を彫り、溝のない場合と音を比較する。

▌Memo

　木片を叩くと音が発生するのは、叩いたときのエネルギーが"振動波"に変わるためである。この振動波の振動数の違いが音の高低（音程）となる。また、叩くときの強さは振動波の大きさとなり、音の大小となる。木片の音程や響き方（振動数や減衰）は、その密度や形や大きさなどによって決まる。

　叩いて音を出す木琴（シロフォンやマリンバ）やカスタネットの他に、ピアノ、ギターやバイオリンなどの弦楽器、オーボエやクラリネットなどの響板や、共鳴箱・筒にも木材は使われている。楽器には、振幅が大きく減衰が遅い木材が適している。

2-12 木を鳴らそう

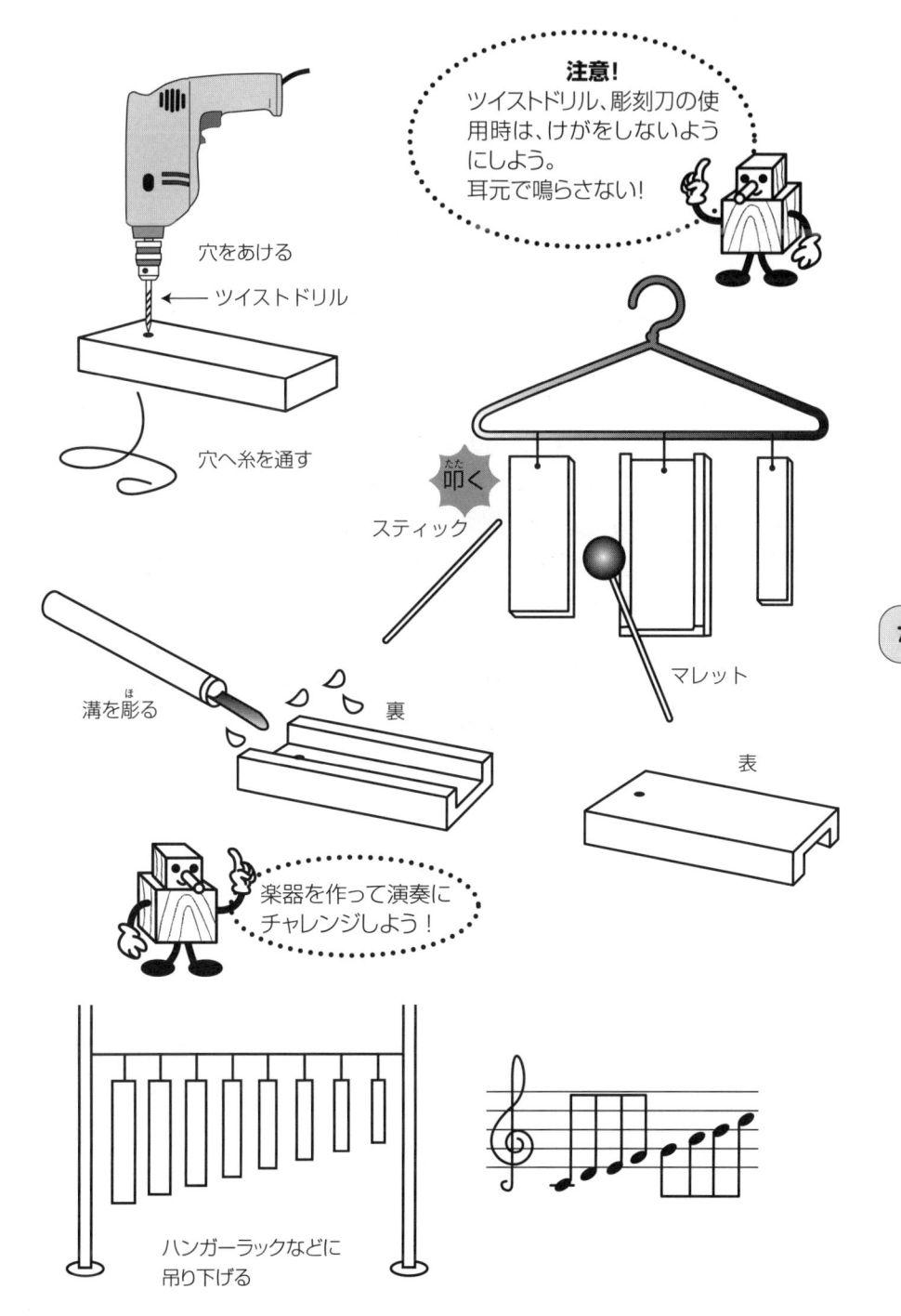

穴をあける
← ツイストドリル

穴へ糸を通す

注意！
ツイストドリル、彫刻刀の使用時は、けがをしないようにしよう。
耳元で鳴らさない！

叩く
スティック
マレット

溝を彫る
裏
表

楽器を作って演奏にチャレンジしよう！

ハンガーラックなどに吊り下げる

一口メモ

ことわざ

　『日本国語大辞典』(小学館)では、「昔から世間に広く言い習わされてきたことばで、教訓や風刺などを含んだ短句」と説明されてます。「ことわざ」は、日本民俗学の資料取り扱いによりますと、第二の口承文芸の分野に位置づけられ、作者の個性が全く現れない文芸であります。その機能によって、攻撃的ことわざ・経験的ことわざ・教訓的ことわざ・遊戯的ことわざの四群に類別されています。

　これらの四群に大別されることわざは、当然太古より使用されている石、木、鉄、骨に由来するものも多くあります。『ことわざ大辞典』(小学館)によりますと、石、木、鉄、骨に関連することわざは、それぞれ 64、60、12、43 件あり、このことからもわれわれの先人は木より多くのことを学んだかが伺えます。「木は本から」を忘れず、「石に噛りついても」の心意気で木工技術を上達させましょう。

第3章

木材の上手な使い方を考えよう

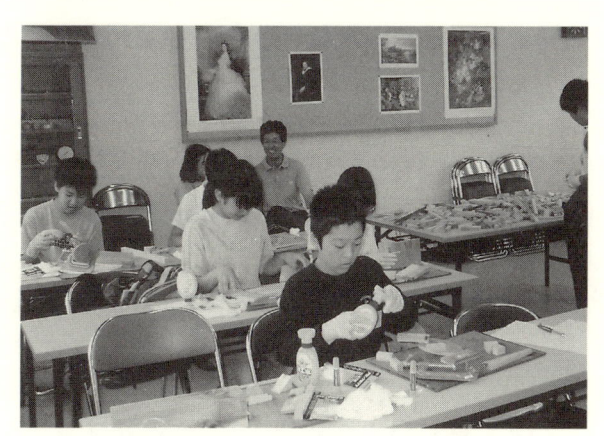

接着剤（木工ボンド）を使った工作風景

　木材の特徴や性質を知って、加工の基本的なことがわかったら、いろいろな方法で木を上手に使ってみよう。木の葉、板、おがくず、紙、炭、などどんなに形を変えても木は利用できます。

　本章ではいろいろと形を変えた木をそのまま使ったり、リサイクルして利用する方法を考えてみました。それぞれの利用方法を楽しみながら実際に試してみませんか。

3-1　木材をびんの中に閉じ込め、出せなくしてみよう

Ready!　準備しよう
①スギ板材（厚さ10mm）、②湯（沸とう水）、③ラップ、④電子レンジ、⑤万力、⑥びん

Do!　木材を縮ませてびんに入れ、びんの中で元の大きさに戻してみよう
① 木材を湯（沸とう水）に漬けて一昼夜放置し、水を十分に含ませる。
② 水を十分に含ませた木材をラップで包み、電子レンジで加熱して軟らかくし、万力にはさんで強く圧縮する。
③ ラップを取り除いて、圧縮したまま乾燥させ、びんの中に入れる。
④ 熱水をびんに入れ、縮んだ木材を元の大きさに膨らませる。
⑤ 水を捨て、びんの中の木材を乾燥させると、「びん詰め木材」ができる。

Points!　うまく閉じ込める秘訣
① びんは透明で、口の直径は縮んだ木材が入る程度の大きさのものがよい。
② 万力で木材をできるだけ強く圧縮し、縮んだままで乾燥させる。
③ びんの口から木材が取り出せない大きさになるまで膨らませる。

Memo
　木材は沸とう水で熱し、電子レンジで加熱すると軟らかくなるので、軟らかいうちに圧縮すると縮む。縮めたままで乾燥すると、縮んだままの大きさを保っている。縮んだ木材がやっと入る程度の口のびんにこの木材を入れて熱水を注ぐと、水を含んでほとんど元の大きさになるまで膨らんでくる。

Topics
　木材は、元の大きさを覚えている形状記憶材料です。膨らんだ木材を乾かしても、びんの外には再び出ることができず、完全に閉じ込められてしまいます。木材を閉じ込めた可愛いびんは、装飾用として飾っておくとよいでしょう。

3-1　木材をびんの中に閉じ込め、出せなくしてみよう

1 木材を沸とう水に漬けて一晩放置し、水を十分に含ませる

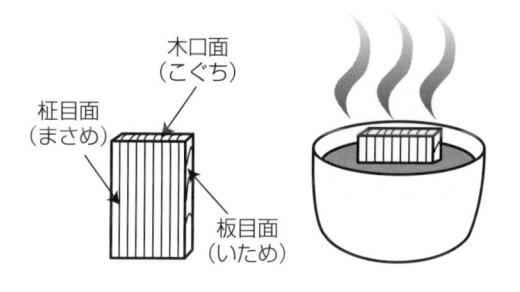

木口面（こぐち）
柾目面（まさめ）
板目面（いため）

木材試片を準備　沸とう水に漬けて放置

2 水を十分に含ませた木材をラップで包み、電子レンジで加熱して軟らかくする。

ラップで包んで、電子レンジで加熱

3 ラップで包んだままの軟らかくした木材を、万力ではさんで圧縮する。

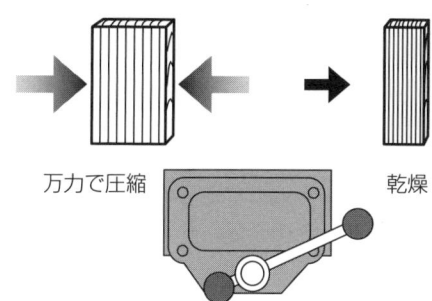

万力で圧縮　　乾燥

4 ラップを取り除き、圧縮したまま乾燥させ、びんの中に入れる。

圧縮した木材をびんの中へ

5 熱水をびんの中に入れ、縮んだ木材を元の大きさに膨らませる。

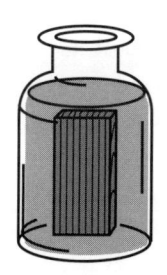

びんの中に熱水を注ぎ、木材片を元の形状に戻す

6 水を捨て、びんの中の木材を乾燥させる。

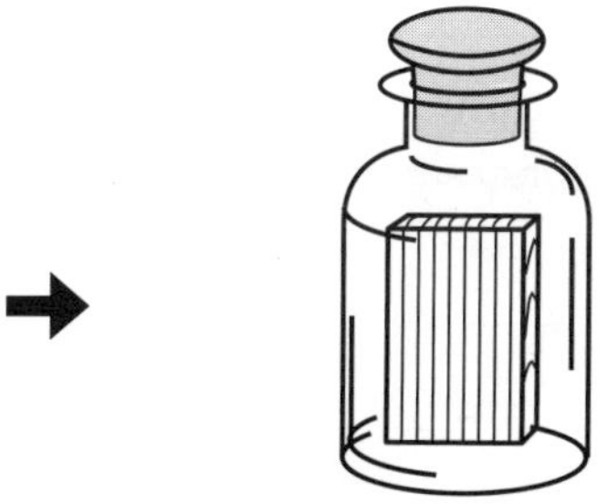

水を捨て、乾燥させて「びん詰め木材」の出来上がり

3-2　木の葉の香りを嗅（か）いでみよう

Ready!　準備しよう
①木の葉(ヒノキ、スギ、アカマツ、クスノキ、サンショウなど)、②はさみ、③皿

Do!　どの木の葉の香りがいい気分になれるかな？
① 楽な姿勢で心と体をリラックスさせる。
② 各樹種の木の葉をはさみで細かく刻み、別々の皿にのせる。
③ 皿にのせた木の葉の香りを嗅いで、いい気分になる葉を選ぶ。
④ いい気分になった、葉の付いた木の枝を花びんに生けて、室内に飾る。

Points!　上手に嗅（か）ぎ分ける秘訣
① 香りの強い木の葉を集める。
② 異なった種類の木の葉を一緒に刻まないようにする。前の葉の香りが皿やはさみに残っていないことを確認してから、つぎの木の葉を刻む。
③ リラックスした気分で香りを嗅いでみる。

Memo
木の葉は、樹種によって香りが異なる。その香りの元は、モノテルペン類という成分で、いろいろな薬用効果がある。この香りを嗅ぐと、いい気分になったり、集中力が高まったりする。

Topics
香りの感じ方は個人によって違うので、自分の好きな、あるいはいい気分になる香りを持つ木の葉を選びましょう。選んだ木の葉のついた枝を室内に生けておくと、室内で森林浴ができます。この時、葉や枝に花粉が付いていないか気を付けましょう。花粉が付いているものは、避けた方がよいでしょう。

3-2 木の葉の香りを嗅いでみよう

リラックスする

葉をはさみで細かく刻む

すがすがしい？
甘い？
心地良い？
ロマンチック？
きつい？
神聖な？
自然な？

皿にのせる

香りを嗅いでどんな気分になるか感じる

いい気分になった、葉のついた木の枝を花びんに活ける

3-3　木の葉でカビを防ぐ

Ready! 準備しよう
①木の葉(ヒノキ、スギ、アカマツ、クスノキなど)、②広口ビン(ふた付き)、③沸とう水、④はさみ、⑤パンのかけら(カビのはえやすい他のものでもよい)

Do! 木の葉にカビを防ぐ効力があるのかどうか調べよう
① 広口びんとそのふた(木の葉の種類の数＋1組)を全て、沸とう水に15分間漬けて、菌の付いていない状態にする。
② 種々の樹種の木の葉をはさみで細かく刻み、木の葉の種類ごとに、別々の広口ビンの中に半分位まで入れ、すぐにふたを閉める。
③ 木の葉を入れた各広口ビンと木の葉を入れない広口ビンに、同じ大きさのパンのかけらをそれぞれ入れ、全てふたを閉める。
④ 広口ビンごとに、パンのかけらにはえるカビの様子を毎日観察し、木の葉の種類による違いを調べ、葉を入れないものと比べる。

Memo
空気中にはたくさんのカビを生やす菌がいる。パンのかけらなどは、カビ菌がとても付きやすく、広がりやすいので、放っておくとすぐにカビが生えてくる。しかし、木の葉にはテルペン類という成分が含まれていて、その成分を葉から出してカビ菌の広がるのを抑えたり、殺したりする力を持っているものもある。

Topics
葉のカビを防ぐ効力は、木の葉の種類やカビ菌の種類によって違います。木の葉の種類によってカビの生え方、広がり方に違いがあるかどうかを調べ、葉を入れないものと比べてみましょう。あまり温度が低いと、カビは発生しにくいので、20℃以上の場所にビンを置く方がよいでしょう。

3-3 木の葉でカビを防ぐ

広口ビンを
煮沸滅菌する

パンのかけらなどを入れる

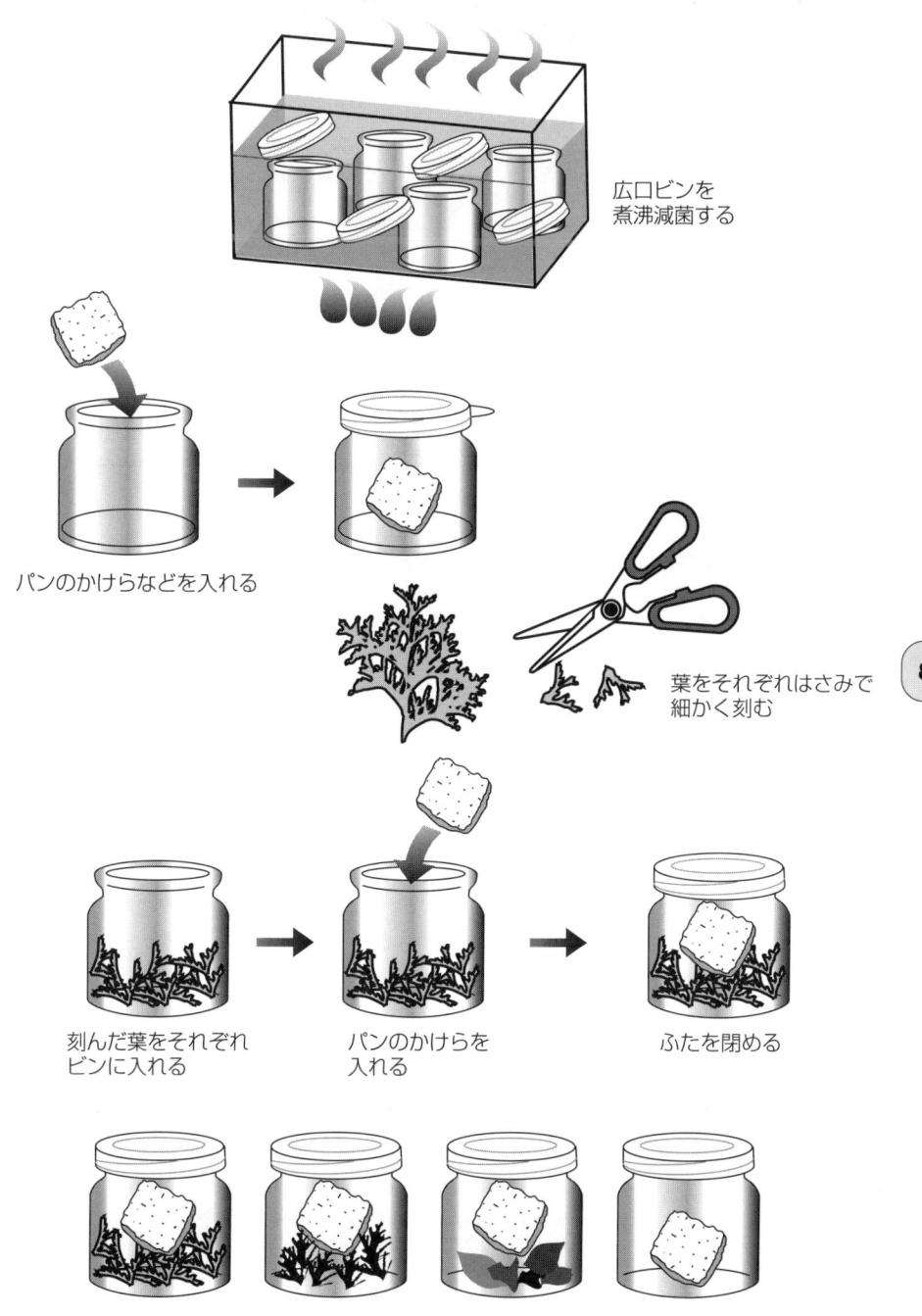

葉をそれぞれはさみで
細かく刻む

刻んだ葉をそれぞれ　　パンのかけらを　　ふたを閉める
ビンに入れる　　　　　入れる

各ビンの中のカビの生え方を観察する

3-4 木材を美しく磨き上げる植物－木賊(とくさ)、棕(むく)の葉

Ready! 準備しよう

①スギ板材、②かんな、③両刃のこぎり、④木賊(とくさ)、⑤棕(むく)の葉、⑥研磨紙(＃60、＃240、＃400)、⑦ルーペ(20×)

Do! 磨いて美しく

① かんな削りしたスギ板材(厚さ12mm)を両刃のこぎりで切断し、幅約30mm、長さ約60mmの試験体を5枚作る。
② 試験体の表面を繊維走行に沿って、木賊、棕の葉、3種類の研磨紙で、それぞれ研削圧力が一定になるように心掛けながら、100回研磨する。
③ 研磨後の試験体表面を手で触り、粗(あら)い順に並べる。
④ 研磨後の試験体表面をルーペ(20×)で観察する。

Memo

　研磨紙の番数(＃)が小さいほど、研磨表面は粗くなる。木賊や棕の葉で研磨すると、＃400の研磨紙で研磨した以上に平滑さを感じ、光沢を帯びる。研磨紙は砥粒が硬いため、大小様々な切りくずがひきちぎられた状態で発生するので、研磨表面は繊維のまくれや毛羽(けば)立ちが生じ、平滑でなくなる。
　木賊、棕の葉は、混入している珪素(けいそ)が研磨作用を行う。珪素を含む基部が、研磨紙の基部より柔らかいため、研磨面に切れ残った繊維のまくれ、毛羽立ちを材中に埋め込むため、表面は平滑になる。研磨表面を水で濡らすと、光沢がなくなるのは、材中に埋め込まれた繊維のまくれや毛羽立ちが立ち上がるためである。

Topics

　木賊、棕の葉を利用した研磨は、春慶塗、輪島塗等の伝統工芸の木地仕上げで実用されています。

3-4 木材を美しく磨き上げる植物 ― 木賊、椋の葉

木賊(とくさ)

木賊茎断面

椋の葉(むく)

椋の葉表

研磨紙
#60
#240
#400

木賊
椋の葉

研磨回数は100回だよ。

手で触り、粗い順に並べよう。

―― 研磨紙 ――
#60　#240　#400

木賊　椋の葉

研磨面のちがいを観察しよう。

3-5　木材を燃えにくく、腐りにくくしよう

Ready!　準備しよう
①割り箸、②両刃のこぎり、③コロイダルシリカ液、④ホウ酸、⑤乾燥器

Do!　薬品を浸みこませた木材は燃えにくく、腐りにくくなるかな
① 割り箸を両刃のこぎりで半分の長さに切断する。
② 切断した割り箸が水に沈むまで、水を十分に含ませる。
③ 水を十分吸収した割り箸を、コロイダルシリカ液とその重さの5％に当たるホウ酸を混ぜた溶液中に沈めて、一晩置く。
④ 薬品の浸み込んだ割り箸を60℃で一晩乾燥させると、「人工珪化木（けいかぼく）」という燃えにくく腐りにくい木材に変化する。
⑤ 人工珪化木に火を付けて、燃えにくくなったかを調べる。
⑥ 腐りにくくなったどうかを確かめるには、湿った土地に差し込んでおくために、数ヶ月以上かなり時間がかかるが、その間じっくり観察する。

Points!　薬品をしっかり木材に浸みこませる秘訣
① コロイダルシリカ液は、珪酸（けいさん）濃度約30％のものを専門薬品店で入手する。
② 割り箸に水を含ませる時は、しっかり重しをのせ、浮き上がらなくなるまで水中に沈めておく。
③ 水を含んだ割り箸は、コロイダルシリカ液とホウ酸の混合液中に十分に浸るように入れ、重しで浮き上がらないようにする。

Topics

　木材は燃えやすく、腐りやすいので、これを燃えにくく、腐りにくくすることは重要なことです。燃えにくくする薬品を木材中に十分に浸み込ませて珪化木を作ると、その効力を発揮させることができます。ただし、薬品を浸み込ませるので、重くて硬い木材になりますが、有毒ではなく安全です。

3-5 木材を燃えにくく、腐りにくくしよう

1 割り箸を水中に沈めて、浮き上がらなくなるまで水を含ませる

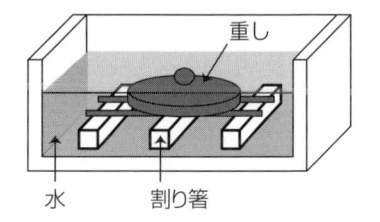

重し
水
割り箸

2 薬品を割り箸に浸み込ませる

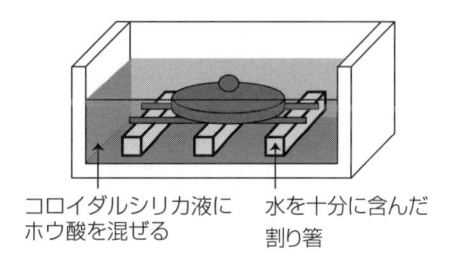

コロイダルシリカ液にホウ酸を混ぜる
水を十分に含んだ割り箸

3

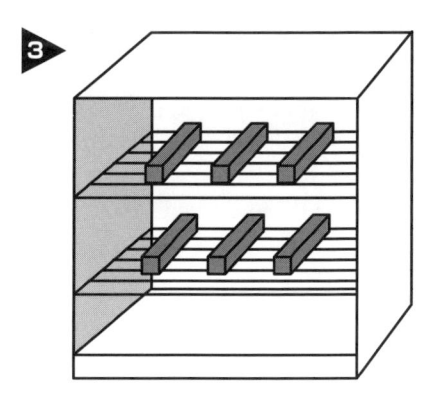

薬品を浸み込ませた割り箸を乾燥させて「人工珪化木」の出来上がり

4

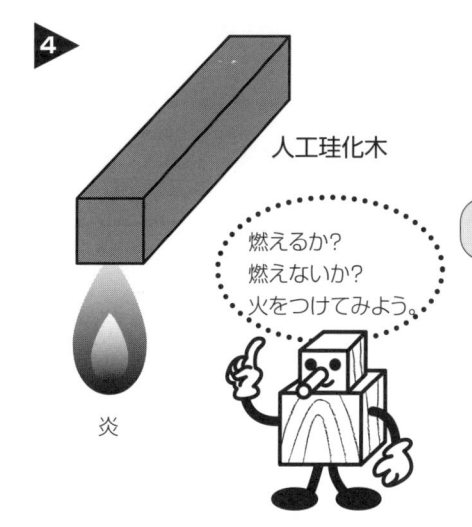

人工珪化木

炎

燃えるか？
燃えないか？
火をつけてみよう。

5 どちらが早く腐るのかな？

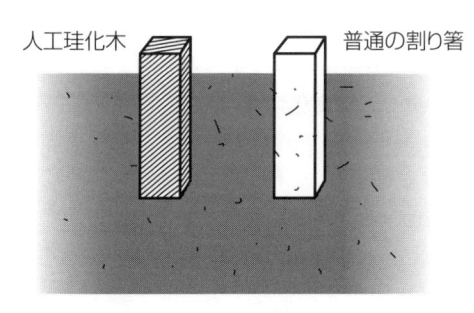

人工珪化木　　普通の割り箸

少し湿った土地に挿し込んでおく

数ヶ月にわたって観察を続けてみよう。

3-6 炭は電気を通すの？

Ready! 準備しよう
①炭（備長炭、普通の木炭、竹備長炭、普通の竹炭）、②乾電池（単1または単2）、③豆電球、④豆電球用ソケット、⑤弓のこ（金切りのこぎり）、⑥研磨紙（＃240）

Do! 炭をはさんでも豆電球は点灯するのかな
① 各種の炭を長さ約50mmに弓のこで切断し、切り口を＃240の研磨紙で研磨する。
② 平滑に研磨した炭の端部と1個の乾電池の（－）側を、粘着テープで確実に接触させる。
③ 豆電球をセットしたソケットのリード線を、乾電池の（＋）側と炭の端部にそれぞれ確実に接触させる。
④ 豆電球が点灯すれば電気を通すし、点灯しなければ電気を通さないことがわかる。

Memo
　木材や竹は電気を通さない絶縁体である。しかし、木材や竹を炭化して炭にすると、電気を通す通電体にすることができる。ただし、どんな炭でも通電体になるわけではなく、800℃以上の高温で炭にすると、電気を通すようになり、高い温度で焼かれた炭ほど電気を通しやすくなる。

Topics
　一般に、備長炭は高温で焼かれた炭なので電気をよく通しますが、普通の炭は電気を通しません。電球の明るさによって、炭化温度がおおよそ推定できますので、種々の炭で試してみましょう。備長炭は、必ず「備長炭」と表示して販売されているものを利用しましょう。

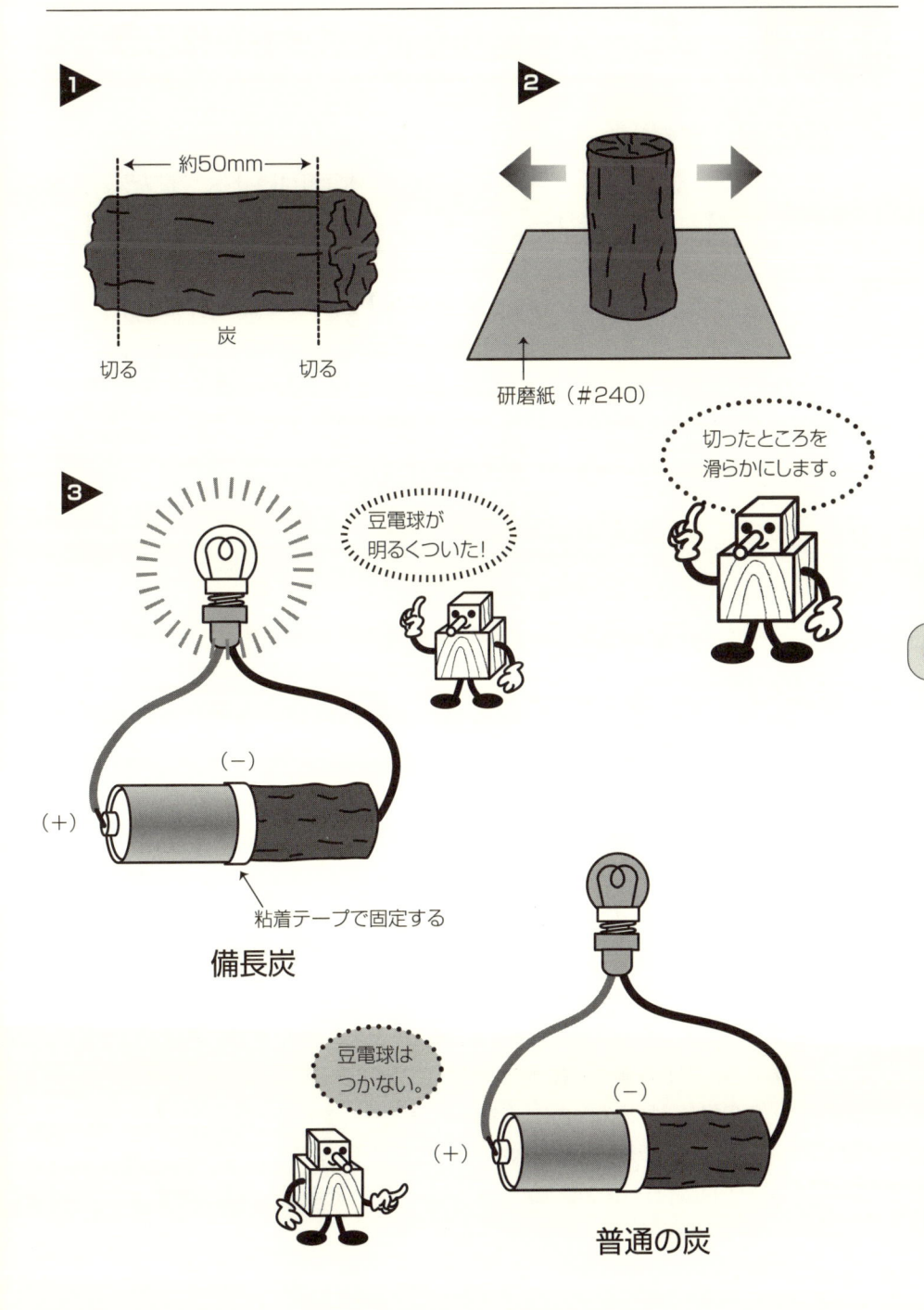

3-6 炭は電気を通すの？

1

約50mm
炭
切る　　切る

2

研磨紙（#240）

切ったところを
滑らかにします。

3

豆電球が
明るくついた！

(+)　(−)
粘着テープで固定する
備長炭

豆電球は
つかない。

(+)　(−)
普通の炭

3-7 プレーナー削りくずでボードを作ろう

Ready! 準備しよう
①プレーナー（電動かんな）削りくず、②接着剤（木工用ボンド）、③プラスチック製バケツ、④ハンドミキサー、⑤型枠、⑥重し、⑦プラスチックシート

Do! プレーナー削りくず（パーティクル）を集めて板を作る
① 1枚の板を作るのに必要な量の乾燥パーティクルをバケツに入れる。
② 接着剤（木工用ボンド）に水を少し入れ、粘度をわずかに低くする。
③ 乾燥パーティクルの入ったバケツにパーティクルの重さの約10％の接着剤を入れ、ハンドミキサーでよく攪拌(かくはん)する。
④ プラスチックシートの上に型枠を置き、接着剤を塗布したパーティクルを型枠に均等に詰めて、上にプラスチックシートをかぶせ、さらに板を置いて重しをのせ、1日放置する。
⑤ 1日経過後、重しを取り除いて型枠からボードを取出す。

Points! パーティクルの量とボードの大きさの関係を考えてボードを作る
① ボードの大きさを決めて型枠を作り、それによって重しの重さも決める。
② ボードの大きさと厚さ、パーティクルの量によって、密度が決まる。
③ ボードの大きさと厚さ、重しの重さが決まれば、パーティクルの量が多いほど軟らかいボードができる。

Topics

プレーナー削りくず1つ1つは小さな削片（パーティクル）ですが、廃材から作ることもできます。これを集めて接着剤で固めることによって、ボードを作ることができます。この場合、型枠の大きさ、プレーナー削りくずの量、押し固める力（圧締(あってい)力）によって、大きさ、厚さ、硬さ（強さ）の異なるボードを作ることができます。このようなボードは、「パーティクルボード」という名称で市販されています。

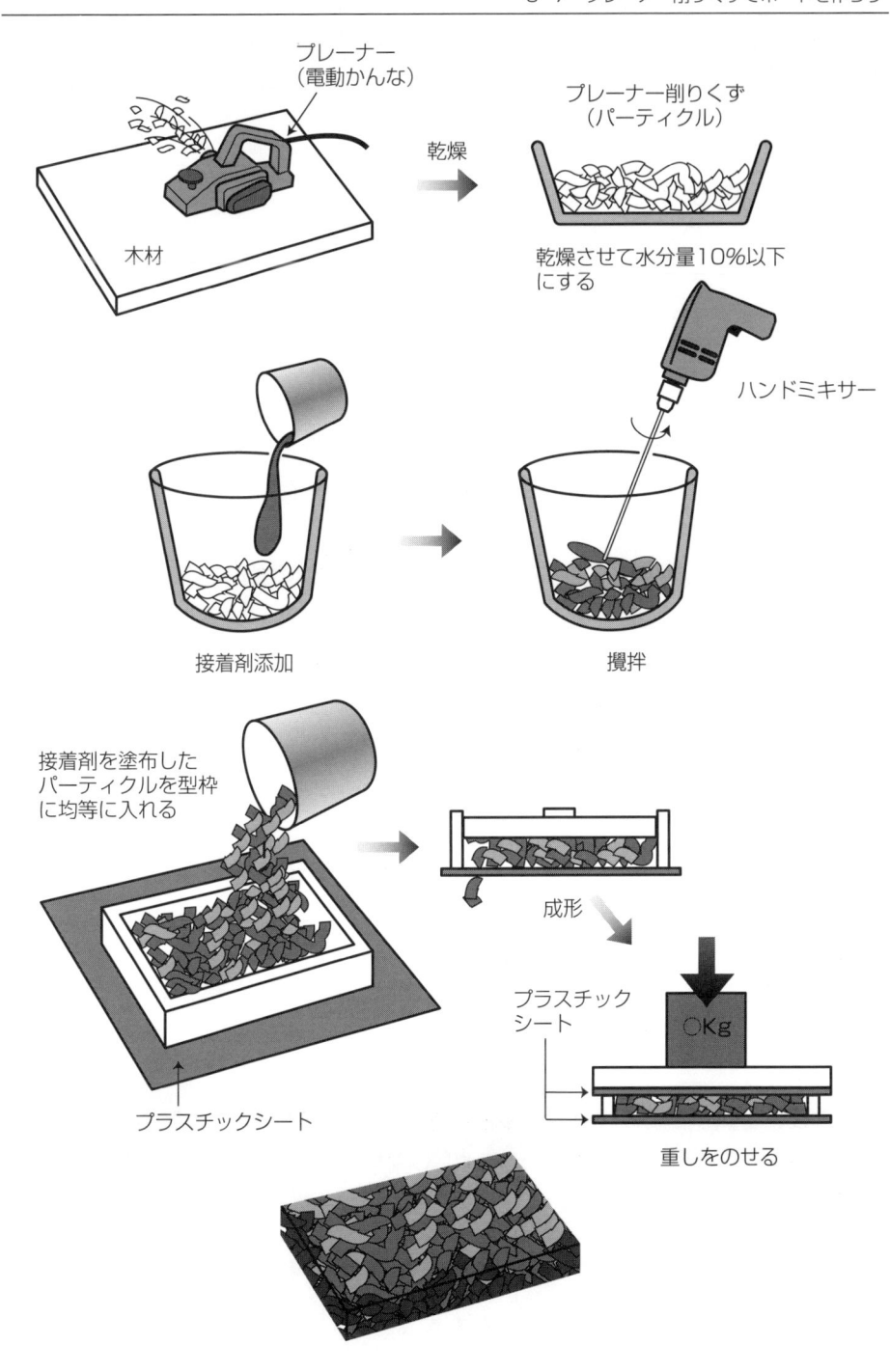

3-7 プレーナー削りくずでボードを作ろう

プレーナー
（電動かんな）

プレーナー削りくず
（パーティクル）

木材

乾燥

乾燥させて水分量10%以下
にする

ハンドミキサー

接着剤添加

攪拌

接着剤を塗布した
パーティクルを型枠
に均等に入れる

成形

プラスチックシート

プラスチック
シート

○Kg

重しをのせる

プラスチックシート

3-8 割り箸で集成材を作ろう

Ready! 準備しよう
①使用済み割り箸、②接着剤（木工用ボンド）、③輪ゴム、④プラスチックシート、⑤布、⑥重し、⑦両刃のこぎり。

Do! 割り箸を並べて重ね、集成材にする
① きれいに洗って乾燥させた5膳ぐらいの割り箸の側面に接着剤（木工用ボンド）を塗って、プラスチックシート上で接着し、数枚の板を作る。
② でき上がった板の表面に接着剤を塗って重ね、重しをのせて接着する。
③ 1日経過後、重しを取り除き、両刃のこぎりで両端を切断する。

Points! 接着する時には動かさないように固定しておこう
① 割り箸を並べて接着する時は、輪ゴムを使って固定する。
② 重ねて接着する時は、動かないような重しを置いて固定する。
③ 割り箸の長さより長い集成材を作る時は、板をずらして接着する。接着後、端がそろうように両刃のこぎりで切断する。

Memo
　割り箸は、幅が手元側と先端側とで異なるので、手元側と先端側が交互に位置するように並べることが重要である。作った集成材はとても強い材料になる。接着する時は、接着剤が他につかないように、プラスチックシートを敷く。はみ出た接着剤は、固まる前に湿らした布できれいに拭き取る。

Topics
　集成材は板材（ラミナ）を木材の繊維方向に並べて作られる。大きなものはドームや大型建物の骨組みに、小さいものは家具の部材などとして使われています。作ろうとする集成材の大きさによって、板材の幅や厚さ、長さを変えます。

3-8 割り箸で集成材を作ろう

使用済みの割り箸は、きれいに洗って乾かしておこう。

使用済みの割り箸

側面に接着剤を塗る

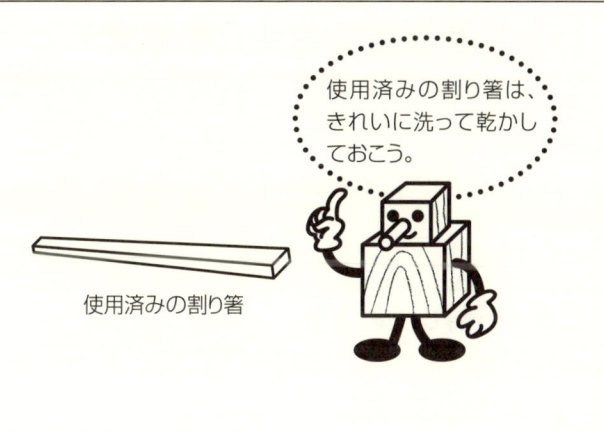

並べて側面を接着し、板状にする。上下をはさんで輪ゴムでとめて固定する

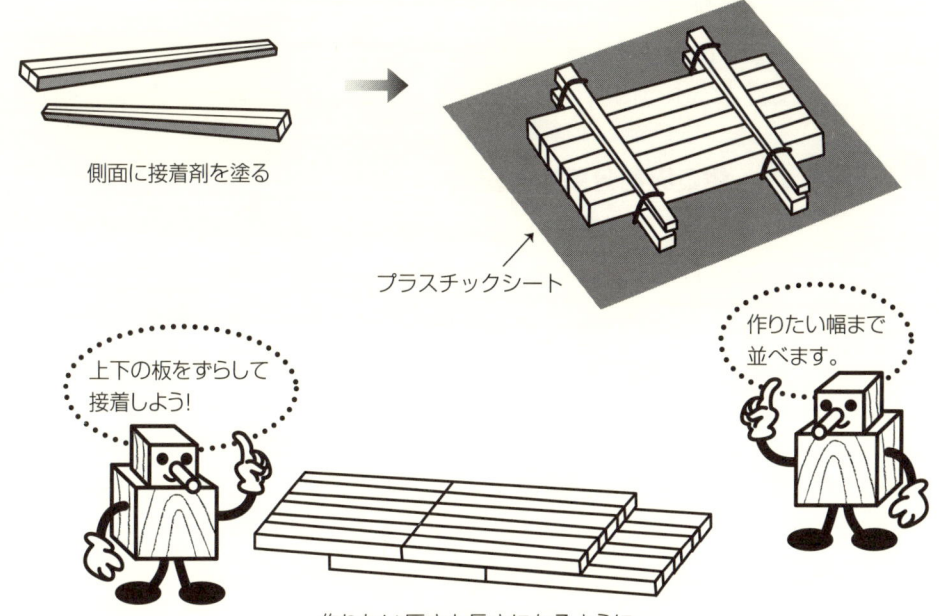

プラスチックシート

上下の板をずらして接着しよう!

作りたい幅まで並べます。

作りたい厚さと長さになるように板を重ねて接着する

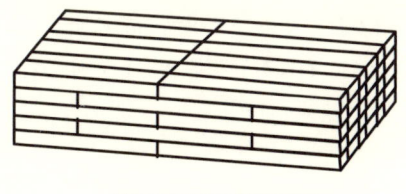

端をそろえて切断する

3-9 おがくずを使った生ごみ処理

Ready! 準備しよう
①おがくず、②腐葉土（ふようど）、③バーク堆肥（たいひ）、④米ぬか、⑤びん（透明）、⑥生ごみ、⑦スポンジ

Do! ビンの中で生ごみを分解してみよう
① おがくず、腐葉土、バーク堆肥を4：1：1の割合に混ぜて、床を作る。
② ①でつくった床を、びんに1／4程度入れる。
③ 生ごみに米ぬかをまぶして、びんの中の床に埋める。
④ スポンジをびんの口の大きさに切り、ふたにする。
⑤ 毎日よく混ざるように振って、どのように変化するか観察する。

Points! 生ごみを分解する秘訣
① 生ごみは、床に十分埋める。
② 大きな生ごみは、小さく切って床に埋める。
③ 乾いている生ごみは、スプーン1杯程度の水を加えて床に埋める。

Memo
腐葉土、バーク堆肥の中で眠っていた菌類が、投入された生ごみを二酸化炭素と水に分解する。おがくずは、顕微鏡で拡大してみると、たくさんのでこぼこや穴が観察できる。そのでこぼこは、菌類が生活するための格好の住処（すみか）になるため、おがくずの中で菌類は元気になり、活発に生ごみを分解する。

Topics
菌類は呼吸をしながら生ごみを分解するので、いやなにおいを発生しません。生ごみを分解するのに、1ヶ月以上かかる場合もあります。やっかいな生ごみもおがくずを使って分解させると、有益な有機肥料として使うことができます。是非試してみましょう。

3-9 おがくずを使った生ごみ処理

1 床づくり

おがくず　腐葉土　パーク堆肥
4 : 1 : 1

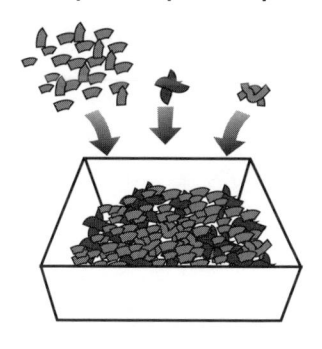

2 床をあきびんに入れる

1/4

3 生ごみを入れる

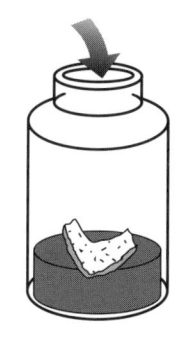

生ごみ（水分が不足する場合、スプーン1杯の水を加える）

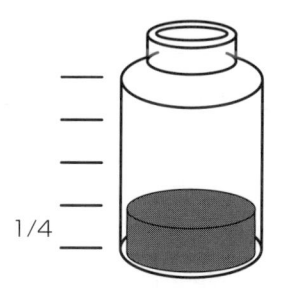

4 生ごみを埋めてスポンジでふたをする

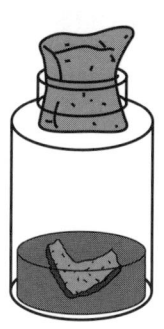

5 毎日振って生ごみの様子を観察する

6 生ごみはどこへ……
（生ごみは分解された）

3-10 牛乳パックから再生紙を作ろう

Ready! 準備しよう
①牛乳パック、②はさみ、③調理用ミキサー、④ざる、⑤バット、⑥紙漉き器（金網、木枠2個）

Do! 古紙を再生紙に生まれ変わらせよう
① 牛乳パックの折り目をはさみで切り、開いて延ばす。
② 牛乳パック表面のプラスチックをはぎ取り、細かく刻む。
③ 刻んだ牛乳パックを水を入れた調理用ミキサーで攪拌し、パルプを作る。
④ 作ったパルプをざるに移し、水洗いする。
⑤ 水を入れたバットに紙漉き器を入れ、紙漉き器に水洗いしたパルプを流し込み、厚さむらができないように、パルプを金網上で均等に広げる。
⑥ 紙漉き器を持ち上げて2個の木枠を外し、金網を平らな所で十分に乾燥させる。
⑦ 乾燥後、でき上がった再生紙を破れないように金網からゆっくり外す。

Memo
牛乳パック以外の文字や絵の印刷された古紙を使って再生紙を作る場合には、パルプ化するときに洗剤や漂白剤を使って、印刷インクを落とさなければならない。洗剤や漂白剤の取り扱いには十分に注意すること。

Topics
紙はパルプ繊維が立体的に絡み合うとともに、パルプの主成分であるセルロース分子間に、水素結合に基づく繊維間結合が形成されて作られます。回収した古紙から再生紙を工業生産する時は、界面活性剤や漂白剤を使って印刷インクを落としますが、これを脱墨といいます。脱墨によってパルプは白くなりますが、その強さは低下します。

3-10 牛乳パックから再生紙を作ろう

牛乳パックを切り開く

表面のプラスチックをはがす

紙を細かく切る

調理用ミキサーで撹拌してパルプにする

パルプをザルに移して水洗する

水

作っておいた2つの木枠と金網で紙漉き器を構成する

パルプ

水を入れたバットに紙漉き器を浸し、作ったパルプを入れ、金網上へ均等に広げる

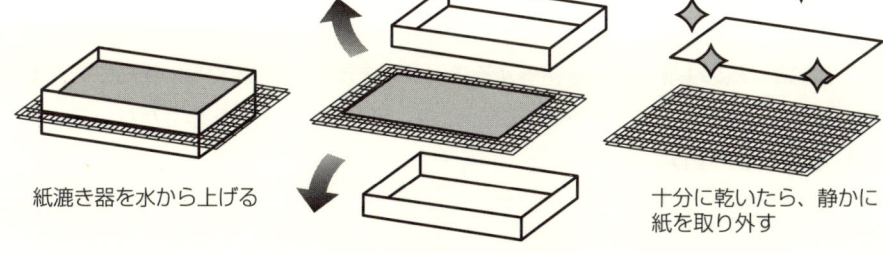

紙漉き器を水から上げる

木枠を外し、金網を平らなところで乾かす

十分に乾いたら、静かに紙を取り外す

3-11 牛乳パックで板を作ろう

Ready! 準備しよう
①牛乳パック、②はさみ、③オーブンペーパー、④アイロン

Do! 牛乳パックは重ねて熱すると接着できる
① 牛乳パックの折り目をはさみで切り、開いて延ばす。
② 重ねた2枚の牛乳パックの上下にオーブンペーパーを敷き、その上からアイロンで加熱して接着する。
③ 作りたい厚さになるまで、1枚ずつ重ねて繰り返し接着する。

Points! ポリエチレンフィルムが溶けて接着できる
① アイロンの温度は、ポリエチレンフィルムが溶ける130℃以上に設定する。
② 加熱して接着する時は、アイロンにポリエチレンフィルムが着かないように、重ねた2枚の牛乳パックの上下に必ずオーブンペーパーを敷く。
③ 表面全体がまんべんなく加熱するように、均一にアイロンを当てる。

Memo
　牛乳パックの枚数を重ねることによって、厚い丈夫な板ができる。表同士を内側にすれば両面が無地に、また、その逆なら両面が絵柄の板ができる。

Topics
　牛乳パックは、表面がポリエチレンフィルムで被覆(ひふく)されており、その中は丈夫な上質の紙でできています。ポリエチレンフイルムは、130℃以上に加熱すると溶けて、重ねた2枚の牛乳パックを接着することができます。20枚ぐらい重ねてでき上がった厚い板を、糸のこ盤で曲線びきしたり、組み合わせて箱を作ったりして、おもしろい作品を作ってみましょう。

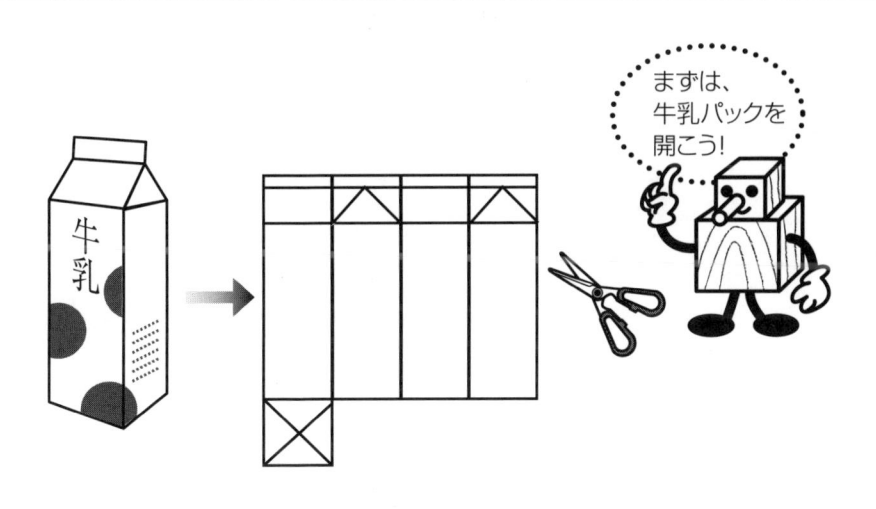

3-11 牛乳パックで板を作ろう

まずは、牛乳パックを開こう!

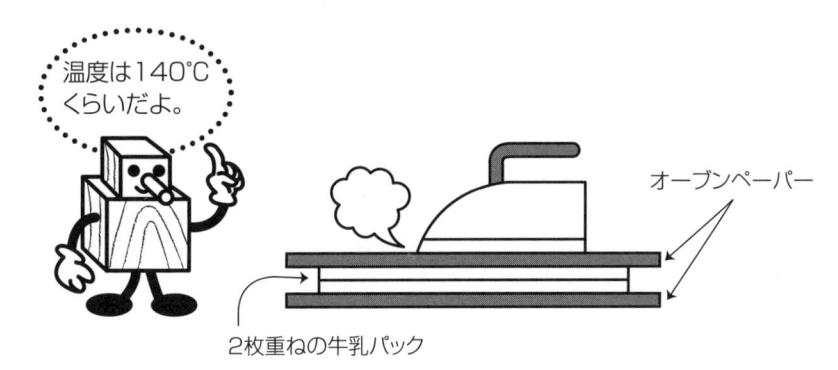

温度は140℃くらいだよ。

オーブンペーパー

2枚重ねの牛乳パック

熱圧

1枚ずつ順次重ねて熱圧して20枚ぐらい重ねて板にします。

索　引

（数字は項目番号を示します）

● ア 行

アイロン 3-11
圧縮 3-7
圧縮具 1-11
圧縮力 3-7
安全カバー 1-9
安全治具 1-9

板目面 2-1, 2-6, 2-10
糸のこ盤 1-2, 3-11
インパクトドライバー 1-15

内丸 1-16
裏押し 1-8
裏金 1-4, 1-8
裏金後退量 1-4
上塗り 1-18

Fクランプ 1-11
鉛球 2-10

追柾（おいまさ） 2-1
オービタルサンダー 1-16
オーブンペーパー 3-11
おがくず 3-9
音 2-12
帯のこ盤 1-2
温冷感 2-9

● カ 行

回転かんな削り 1-9
界面活性剤 3-10
香り 3-2
角度定規 1-2, 1-3
型枠 3-7
カッター 2-3
仮道管 2-2, 2-6
金床 1-8
金砥石 1-8
カビ 3-3
紙漉き器 3-10
環孔材 2-2
嵌合度（かんごうど） 1-12

乾燥器 3-5
かんな 1-4, 1-5, 1-7, 1-8, 1-13, 2-1,
　2-2, 2-4, 2-8
かんなくず 1-5, 1-7
かんな台 1-7

木裏 1-4, 1-9
木表 1-9
気乾材 2-4
基準面 1-4, 1-9
牛乳パック 3-10, 3-11
曲線びき 1-2, 3-11
切りくず 3-4
緊張装置 1-2
菌類 3-9

くぎ 1-10, 1-13, 1-21
グラインダー 1-8

珪化木（けいかぼく） 3-5
形状記憶材料 3-1
珪素（けいそ） 3-4
けがき 1-1
削り代（けずりしろ） 1-9
結合水 2-4
毛羽立ち（けばだち） 1-6, 3-4
げんのう 1-8, 1-10, 1-20, 1-21, 2-10
研磨紙 1-8, 1-11, 1-16, 1-17, 1-18, 2-9,
　3-4, 3-6
研磨布 1-16

合成ゴム系接着剤 1-11
光沢 3-4
硬軟感 2-9
コーススレッド 1-15
コーナークランプ 1-14
木口削り 1-4
木口削り台 1-4
木口面 2-1, 2-2, 2-6, 2-10
古紙 3-10
木の葉 3-2, 3-3
木端削り 1-4
木端削り台 1-4
木端面 2-1, 1-4, 1-9
米ぬか 3-9

索　引

コロイダルシリカ液 3-5

● サ 行

再生紙 3-10
逆目（さかめ）.. 1-6
酢酸ビニル樹脂系エマルジョン型接着剤 1-11
削片 3-7
座ぐり 1-19
さしがね 1-1, 1-4, 1-8
皿取りビット 1-14
触り心地 2-9
散孔材 2-2

シアノアクリレート系接着剤 1-11, 1-13
Cクランプ 1-11
下穴 1-14, 1-15, 1-19
下穴きり 1-15
下塗り 1-18
下端（したば）...................................... 1-8
しまりばめ 1-12
しめしろ 1-12
自由水 2-4
集成材 3-8
樹脂道 2-2
瞬間接着剤 1-11, 1-13
障子 2-5
人工珪化木（じんこうけいかぼく）............ 3-5
心材 2-3, 2-6
真ちゅうくぎ 1-10
森林浴 3-2

水性ニス 1-18
末口 2-1
スコヤ 1-1, 1-4
すのこ 2-11
スピンドルサンダー 1-16
炭 3-6

絶縁体 3-6
接着剤 1-11, 1-12, 1-20, 3-7, 3-8
せり装置 1-2
セルロース 3-10
繊維間結合 3-10
染色木材 2-3
センターピン 1-20

早材 1-6, 2-2, 2-6, 2-10
粗滑感（そかつかん）............................... 2-9
素地磨き 1-11, 1-17, 1-18

外丸 1-16
反り 2-4

● タ 行

台直しかんな 1-8
卓上帯のこ盤 1-2, 1-6
卓上自動かんな盤 1-9, 3-7
卓上手押しかんな盤 1-5, 1-9
卓上丸のこ盤 1-3
多孔質材料 2-7
脱墨 3-10
タッピンねじ 1-15
縦びき 1-2, 1-3
縦びき定規 1-2, 1-3
だぼ 1-20

竹炭 3-6
チップ 3-7
彫刻刀 2-12
直角定規 1-1
直角度 1-4

ツイストドリル 1-14, 1-20, 2-12
通電体 3-6

ディスクサンダー 1-16
鉄丸くぎ 1-10, 1-21
テルペン類 3-3
電子レンジ 2-4, 3-1
電動ドリル 1-20, 2-12

道管 1-6, 2-2, 2-3
胴付きのこぎり 1-13, 1-21
木賊（とくさ）...................................... 3-4
とまりばめ 1-12
留め接ぎ（とめつぎ）............................. 1-13
ドライバー 1-14, 1-19, 2-7
ドライバービット 1-15

● ナ 行

ナイフマーク 1-9
斜めびき 1-2, 1-3
生ごみ 3-9
生材（なまざい）.................................... 2-4
順目（ならいめ）.................................... 1-6
順目削り 1-4

二方胴付きほぞ接ぎ 1-12

索　引

二方柾材	2-5
ねじ込み	1-15
ねじれ	1-4
熱伝導率	2-8
年輪	2-2
年輪界	1-6, 2-1
ノギス	2-5, 2-7, 2-11

● ハ　行

葉	3-2
バーク堆肥	3-9
パーティクル	3-7
パーティクルボード	3-7
廃材	3-7
刷毛（はけ）	1-17, 1-18
端金（はたがね）	1-11, 1-20
幅ぞり	1-4, 1-8
はめあい	1-12
パルプ	3-10
晩材	1-6, 2-2, 2-6, 2-10
引き込み角度	1-3, 1-21
ひき込み留め接ぎ	1-13
漂白剤	3-10
平留め接ぎ	1-13
びん	3-1
備長炭	3-6
びん詰め木材	3-1
拭き塗り（ふきぬり）	1-17
節	2-1
腐葉土	3-9
プラスチックシート	3-7
フラッシュ丁番	1-19
プレーナー削りくず	3-7
平面度	1-4
ベルトサンダー	1-16
辺材	2-3, 2-6
ホウ酸	3-5
放射孔材	2-2
防腐処理木材	2-6
ほぞ	1-12
ほぞ穴	1-12
ほぞ接合	1-12
ポリエチレンフィルム	3-11

● マ　行

曲げ	2-11
曲げたわみ量	2-11
柾目面	2-1, 2-6, 2-10
豆電球	3-6
丸頭くぎ	1-13
丸刃	1-8
丸太	2-1
万力	1-16, 3-1
三つ目きり	1-19
ミニボール盤	1-14
椋の葉（むくのは）	3-4
目切れ	2-1
目止め	1-18
木炭	3-6
木彫オイル	1-17
木ねじ	1-14, 1-19, 2-7
木工ボンド	1-11, 1-13, 1-20, 3-7, 3-8
元口	2-1
モノテルペン類	3-2

● ヤ　行

薬用効果	3-2
弓のこ	3-6
横びき	1-2, 1-3
四つ目ぎり	1-13, 1-14

● ラ　行

ラップ	3-1
ラミナ	3-8
リサイクル	1-20
両刃のこぎり	1-3, 1-12, 1-13, 1-21, 2-1, 2-3, 2-4, 2-5, 2-7, 2-8, 2-10, 3-4, 3-8
ルーペ	2-2, 2-3, 3-4

● ワ　行

ワックス	1-17
割りくさびほぞ接ぎ	1-12
割り箸	3-5, 3-8

資　料／木工体験のできる施設

この資料は(財)日本木材情報センターのご好意により、同センターHP中の「木工体験のできる施設」(http://www.jawic.or.jp/main.pl?main=soudan、2005年11月)をもとに作成し、小社の調査情報により修正・補充したものです。

● 北海道
道民の森・月形地区木工芸館
　樺戸郡月形町 892-1
　☎ 0126-53-2411

地域活性化センター「ピノキオハウス」
　紋別郡生田原町字安国 94-1
　☎ 01584-6-2216

創作の館
　増毛郡増毛町大字暑寒沢村 77-1
　☎ 0164-53-111（増毛町観光）

ふれあいの家「まどか」
　雨竜郡幌加内町字朱鞠内
　☎ 01653-8-2266

ブナセンター
　寿都郡黒松内町字黒松内 512-1
　☎ 0136-72-4411

ふれあいの森・積丹「シーサイド余別」
　積丹郡積丹町大字余別町 690
　☎ 0135-46-5041

阿寒町木彫品開発センター
　阿寒郡阿寒町中央 3-8-12
　☎ 0154-66-3310

緑のふるさと公園 森林センター
　厚岸郡厚岸町愛冠 5
　☎ 0153-52-6823

大野町匠の森研修センター
　亀田郡大野町字村山 1-1
　☎ 0138-77-9712

● 青森県
長平青少年旅行村
　西津軽郡鰺ケ沢町大字長平町字甲音羽山 65
　☎ 0173-72-1470

● 岩手県
岩手県民の森木材工芸センター
　岩手郡松尾村大字寄木第 1 地割字沼利 515-2
　☎ 0195-78-2092

大野村産業デザインセンター
　岩手郡大野村大字大野 58-12-30
　☎ 0194-77-3202

盛岡市都南つどいの森 森林創作実習館
　盛岡市湯沢 1-88
　☎ 0196-38-2270

● 宮城県
もくもくランド(高齢者加工活動施設)
　本吉郡津山町横山字細屋 24
　☎ 0225-69-2341（モクモクハウス）

● 秋田県
能代市木の学校
　能代市河戸川字南西山 18-19
　☎ 0185-52-5249

ウッディさんない
　平鹿郡山内村土渕字小目倉沢 34-8
　☎ 0182-53-2600

● 山形県
白い森 木工館
　西置賜郡小国町大字五味沢 513
　☎ 0238-67-2830

鳥海高原家族旅行村ホビーハウス
　飽海郡八幡町草津字湯ノ台 149
　☎ 0234-64-4111

● 茨城県
おおみや木品館
　那珂郡大宮町泉 550
　☎ 02955-2-1275

資　料／木工体験のできる施設

● 栃木県
　箱の森プレイパーク（ホビーの里）
　　那須郡塩原町大字中塩原字箱の森
　　☎ 0287-32-3018

● 群馬県
　赤城ふれあいの森（あかぎ木の家）
　　勢多郡富士見村大字赤城山 1-2
　　☎ 0272-87-8806

● 埼玉県
　埼玉県農林公園
　　大里郡川本町大字本田 5768-1
　　☎ 0485-83-2301

　彩の国ふれあいの森 森林科学館
　　秩父郡大滝村大字中津川 447
　　☎ 0494-56-0026

● 千葉県
　清和県民の森「木のふるさと館」
　　君津市豊英 660
　　☎ 0439-38-2222

　大多喜県民の森「竹工芸センター」
　　夷隅郡大多喜町大多喜 486-21
　　☎ 0470-82-3110

　流山トントンランド
　　流山市十太夫 108-6
　　☎ 0471-55-0296

● 東京都
　都民の森「木材工芸センター」
　　西多摩郡檜原村数馬檜原村都民の森
　　☎ 0425-98-6006

● 神奈川県
　神奈川県立 21 世紀の森・森林館
　　南足柄市内山 2870-1
　　☎ 0465-72-0404

　木木館
　　厚木市七沢 237
　　☎ 0462-48-0005

　木遊館
　　愛甲郡相川町半原 1953
　　☎ 0462-81-0282

● 新潟県
　杢の里（ぬくぬく体験工房）
　　東頸城郡浦川原村大字桜島 763
　　☎ 02559-9-2188

● 富山県
　ウッドリーム富山
　　射水郡小杉町黒河新 4940
　　☎ 0766-56-1570

　立山町木工センター（モック・よしみね）
　　中新川郡立山町吉峰野開 17
　　☎ 0764-83-3016

　いなみ木彫りの里創遊館
　　東砺波郡井波町北川 730
　　☎ 0763-82-5757

● 石川県
　森林館（アレスト）
　　石川郡白峰村字白峰ホ-36
　　☎ 07619-8-2721

　羽咋市ちびっこ自然センター
　　羽咋市柳田町シ-1
　　☎ 0767-22-7799

　穴水町老人生きがいセンター
　　鳳至郡穴水町字由比ヶ丘ロ-11
　　☎ 0768-52-3220

● 山梨県
　山梨県森林総合研究所 森の教室
　　南巨摩郡増穂町最勝寺 2290-1
　　☎ 0556-22-8111

　塩山市木工芸館
　　塩山市上萩原 4975
　　☎ 0553-33-7484

　清里の森・森の工房木工館
　　北巨摩郡高根町清里 3545
　　☎ 0551-48-3151

● 長野県
　朝日村クラフト館
　　東筑摩郡朝日村大字古見 315
　　☎ 0263-99-2804

資　料／木工体験のできる施設

● 岐阜県

オークヴィレッジ・森の自然学校
　高山市清見町牧ヶ洞
　☎ 0577-68-2888

できたぁ～HOUSE
　恵那郡加子母村4874-5
　☎ 0573-79-3333

● 愛知県

名古屋営林支局需要開発センター 木工教室木工館・遊木
　南設楽郡作手村大字白鳥（鬼久保ふれあい広場内）
　☎ 05363-7-2211

木材需要促進センター「モッキー」
　北設楽郡稲武町大字黒田字南水別713
　☎ 05368-2-2311

● 静岡県

林業体験館
　浜北市根堅2450-1
　☎ 053-583-1559

● 三重県

グリーンライフ山林舎
　飯南郡飯高町大字波瀬
　☎ 05984-7-0326

● 滋賀県

ウッディバル余呉「栃の実工房」
　伊香郡余呉町大字中之郷
　☎ 0749-86-3821

滋賀県立近江富士花緑公園「ウッディルーム」
　野州郡野州町大字三上519
　☎ 0775-86-5324

土に学ぶ里研修センター・創作実習教室（焼杉細工）
　高島郡マキノ町大字蛭口260-1
　☎ 0740-36-2001

ガリバー青少年旅行体験実習館（焼杉教室）
　高島郡高島町大字鹿ケ瀬987-1
　☎ 0740-36-2001

● 京都府

山村都市交流の森（花脊森林文化財団）
　京都市左京区花背八枡町250
　☎ 075-746-0439

● 大阪府

21世紀の森 森林学習館
　豊能郡豊能町山辺409
　☎ 0727-34-1469

森の工作館
　四条畷市逢阪458-2
　☎ 0720-62-1724

● 兵庫県

県立丹波年輪の里
　氷上郡柏原町田路102-3
　☎ 0795-73-0725

県立三木山森林公園クラフト館
　三木市福井字三木山2465-1
　☎ 0794-83-6100

ふれあいの森工作館
　加古川市東神吉町天下原715-5
　☎ 0794-32-5177

もくもく村木工館
　佐用郡三日月町三日月1110
　☎ 0790-79-2604

クラフトハウス「木ぼり」
　朝来郡朝来町多々良木800
　☎ 0796-78-1833

手作り木工芸施設「ときめ樹」
　氷上郡氷上町清住68-1
　☎ 0795-82-0678

青垣町営木工センター
　氷上郡青垣町文室4
　☎ 0795-87-5520

生涯創造センター「ねんりん」
　多紀郡丹南町園田分
　☎ 0795-96-0455

● 奈良県

トントン工作館
　吉野郡川上村大字東川698-1
　☎ 0795-96-0455

あるぽーる（工作室）
　桜井市大字阿部450
　☎ 07444-5-3955

資　料／木工体験のできる施設

木工館（奈良県100年の森）
　三辺郡山添村大字伏拝
　☎ 07438-7-0548

● 和歌山県
清水町木工等体験センター
　有田郡清水町大字清水1078-1
　☎ 0737-25-0049

九度山町農林総合研究センター　さえもん
　伊都郡九度山町丹生川246
　☎ 0736-54-3800

● 鳥取県
佐治町木工体験学習施設　コスモスの館
　鳥取市佐治町大字高山1072-1
　☎ 0858-89-1751

鳥取砂丘こどもの国
　鳥取市浜坂1157-1
　☎ 0857-24-2811

安蔵森林公園森林体験交流センターみやま荘
　鳥取市河内1462-36
　☎ 0857-56-0888

21世紀の森　林業技術工芸実習館
　鳥取市河原町稲常113
　☎ 0858-85-2511、0857-26-7335（県庁林務課）

たくみの館（若桜郷土文化の里）
　八頭郡若桜町屋堂羅31
　☎ 0858-82-0583

ふるさと日南邑木材工芸館
　日野郡日南町神戸上
　☎ 0859-83-1188

● 島根県
三瓶こもれびの広場木工館
　大田市山口町山口1638-1
　☎ 08548-6-0182

出雲科学館創作工房
　出雲市今市町1900-2
　☎ 0853-25-1500

● 岡山県
岡山市立少年自然の家　プレイボール
　岡山市日応寺4
　☎ 086-294-3461

御津町木工芸センター　ログハウス匠
　御津郡御津町大字宇垣1227-4
　☎ 0867-24-1196

ちびっこ工作広場
　御津郡建部町田地子1571-40
　☎ 0867-22-3111

山里の家・大佐木工芸
　阿哲郡大佐町小阪部2236-1
　☎ 0867-98-3561

奥津町文化伝習館
　苫田郡奥津町羽出691
　☎ 0868-52-2651

民話の村
　久米郡旭町西川上400-11
　☎ 0867-27-2039

産水の郷　森林浴公園ふれあい木工場
　英田郡西粟倉村影石
　☎ 08687-9-2244

工房の宿「我楽他」
　英田郡美作町海田1867
　☎ 08687-2-8560・3773

21世紀の森（木材工芸センター）
　上房郡賀陽町大字吉川4469-1
　☎ 08665-6-7139

● 広島県
広島県木材利用センター
　廿日市市木材港北5-95
　☎ 0829-32-2393

● 山口県
21世紀の森（木工芸実習室）
　山口市大字宮野上字金山139-6
　☎ 08385-6-0847

山口県児童センター
　山口市吉敷木崎
　☎ 0839-23-4633

森の家下関

資　料／木工体験のできる施設

下関市大字蒲生野字深坂
☎ 0832-59-8555

● 徳島県
相生森林文化公園「あいあいランド」
那賀郡相生町鎌瀬
☎ 08846-2-3116

● 香川県
チャレンジセンター「いきいき館」
仲多度郡琴南町川東 1553
☎ 0877-84-2533

さぬきこどもの国（美術工房）
香川郡香川町大字由佐字 3209
☎ 0878-79-0500

ＮＨＫ文化センター
高松市兵庫町 11-6
☎ 0878-23-6677

もくもく遊ランド・とらいある
木田郡牟礼町 2653-1
☎ 0878-45-5010

● 愛媛県
中山クラフトの里 木遊舎 とんかち教室
伊予郡中山町大字中山子 271
☎ 089-968-0363

● 高知県
物部村農林漁業体験実習館
香美郡物部村別府ナロ 373-5
☎ 08875-8-2916

上石山体験の森
土佐郡土佐山村高川
☎ 0888-95-2734

自然王国白滝の里
土佐郡大川村朝谷 26
☎ 0887-84-2201

グリーン・パークほどの
吾川郡吾北村清水程野
☎ 0888-67-3705

● 福岡県
ホルツマーケット
三潴郡城島町大字楢津 1113-7
☎ 0942-62-3355

Ｅ'ＷＯＯＤ
嘉穂郡筑穂町大字阿恵 2072-1
☎ 0948-72-2203

● 佐賀県
伊万里市木工芸センター（ピノキオの家）
伊万里市大川内町丙 668-1
☎ 0955-22-2822

アバンセ
佐賀市天神 3-15-18
☎ 0952-26-0011

● 大分県
グリーンカルチャーセンター
大分市日吉町 3-1
☎ 0975-56-8818

● 沖縄県
トントンハウス
沖縄市字登川 3169
☎ 098-938-3753

英文タイトル
Interesting and Illustrated Handbook on
Wood Processing Techniques and Wood Qualities

Edited by
Sakuno T., Tanaka T., Yamashita A., Banshoya K.

ものづくり 木のおもしろ実験

発 行 日	2005年3月10日 初版第1刷
定　　価	カバーに表示してあります
編　　者	作 野 友 康
	田 中 千 秋
	山 下 晃 功
	番 匠 谷 薫
発 行 者	宮 内　　久

海青社
Kaiseisha Press

〒520-0112　大津市日吉台2丁目16-4
Tel. (077)577-2677　Fax. (077)577-2688
http://www.kaiseisha-press.ne.jp
郵便振替　01090-1-17991

● Copyright © 2005　Sakuno T., Tanaka T., Yamashita A., Banshoya K.
● ISBN 4-86099-205-9 C0037　● 乱丁落丁はお取り替えいたします
● Printed in JAPAN